Frauke Hildebrandt · Annette Dreier

Was wäre, wenn...?

Fragen, nachdenken und spekulieren im Kita-Alltag

Für unsere Kinder Max, Franz, Antonia, Cäcilie und Wido.

Frauke Hildebrandt · Annette Dreier

Was wäre, wenn…?

Fragen, nachdenken und spekulieren im Kita-Alltag

verlag das netz
Weimar

Bitte richten Sie Ihre Wünsche, Kritiken und Fragen an: info@verlagdasnetz.de

verlag das netz GmbH
Nummer 51 · 99441 Kiliansroda/Weimar
Telefon: +49 36453.7140 · Telefax: +49 36453.71412

ISBN 978-3-86892-065-9

Alle Rechte vorbehalten
© 2014 verlag das netz, Weimar
Das Werk und alle seine Teile sind urheberrechtlich geschützt. Jede Verwertung außerhalb der Grenzen des Urheberrechtsgesetzes ist ohne Zustimmung des Verlages nicht zulässig und strafbar. Das gilt insbesondere für Vervielfältigungen, Übersetzungen, Mikroverfilmungen und die Einspeicherung und Verarbeitung in elektronischen Systemen.

Lektorat: Erika Bertold
Gestaltung: Jens Klennert, Tania Miguez
Fotos: Volker Döring
Druck und Bindung: Förster & Borries, Zwickau
Printed in Germany

Inhalt

Vorwort

Dieses Buch will zum Gespräch anregen. Es will Erwachsene ermutigen, mit Kindern über Fragen zu diskutieren, die vielleicht nicht gleich auf der Hand liegen. Es will zum Analysieren von Dingen, Ereignissen und Gedanken, zum Forschen nach Ursachen, Motiven, Gründen und Zwecken von Handlungen oder Geschehnissen in unserer Welt und zum Spekulieren darüber anregen.

Das geht ganz leicht: Man kann den Gegenstand des Gesprächs – und sei es ein Regenwurm – gemeinsam beschreiben: seine fühlbaren und nichtfühlbaren Eigenschaften oder Fähigkeiten. Man kann den Regenwurm mit anderen Tieren oder mit Gegenständen vergleichen. Man kann nach den Ursachen seines So-Seins forschen und gemeinsam darüber spekulieren, wie es wäre, wenn... Menschen wie Regenwürmer lebten.

All das sollten Sie mit Kindern tun. Nicht nur, weil es Freude macht, sondern auch weil es die Gedanken der Kinder und Ihre Gedanken in Schwung bringt. Man redet miteinander, drückt sich aus und übt sich im Dialog.

Frauke Hildebrandt und Annette Dreier[1]

1 Die Einleitung schrieb Annette Dreier, alle anderen Kapitel Frauke Hildebrandt.

Einleitung

Eltern von Kindern, die gerade in die Kita oder in die Schule gekommen sind, berichten mir des Öfteren, dass sie mit der Erzieherin oder Lehrerin[2] großes Glück gehabt hätten. Mit »Glück gehabt« meinen sie: Ihr Kind wird von der Pädagogin freundlich aufgenommen und unterstützt, es fühlt sich wohl und geht gern in die Einrichtung.

So sehr mich das für diese Familien freut, so skeptisch werde ich als Erziehungswissenschaftlerin, denn ich frage mich, ob unser Bildungssystem auf Glücksfälle setzt? Warum sind nicht alle Erzieherinnen und Lehrerinnen ganz selbstverständlich wohlwollend, ermutigend und unterstützend im Umgang mit den Kindern? Und was ist mit Kindern, die »Pech« haben, die entmutigt oder gar beschämt werden und deshalb große Schwierigkeiten beim Lernen haben? Darüber sollten wir nachdenken – auf der Ebene der Ausbildung pädagogischer Fachkräfte, aber auch auf bildungspolitischer Ebene: Kann ein Bildungssystem auf Glücksfälle bauen? Und wieso sind »gute« Pädagoginnen und Pädagogen besonders erwähnenswert?

Dialog und Bindung

Viele Erwachsene wissen aus ihrer Kindheit, wie stark eine Beziehung das Lernen beeinflussen kann. Auch in meiner Schulzeit gab es die »guten« Lehrer: Sie waren freundlich, begegneten uns achtungsvoll und trauten uns zu, etwas Neues zu bewältigen. Die »Schlechten« hingegen schafften es, uns zu verunsichern oder sogar Angst zu verbreiten, und bewirkten dadurch, dass uns ganze Wissensbereiche fremd blieben. Allein die schlechte Beziehung hatte uns diese Lernfelder komplett vergrault.

Alles Lernen hat mit Beziehungen zu tun, mit Beziehungen zwischen den Lernenden und den Lehrenden sowie mit der Beziehung zu einem Objekt oder einer Sache. Dies zeigen nicht nur eigene Erfahrungen, sondern auch Studien zur kindlichen Entwicklung[3]. So belegen Erkenntnisse aus der Säuglings- und Kindheitsforschung, dass die Art der Beziehung zwischen Kind und Erwachsenem und die Qualität ihrer Bindung entscheidenden Einfluss auf die kindlichen Entwicklungsprozesse haben. Oder anders ausgedrückt: Ohne Bindung keine Bildung.

Bindungsforschung

Seit John Bowlby und Mary Ainsworth in den 1960er und 1970er Jahren ihre Studien zur Bindungstheorie veröffentlichten[4] und etwas später auch in Deutschland wichtige Publikationen zur Eingewöhnung von Krippenkindern erschienen[5], wissen wir, dass Kinder durch vielfältige Interaktionen eine Bindung zu Erwachsenen aufbauen, also eine gefühlsgetragene Beziehung, die über einen längeren Zeitraum anhält. Diese Bindung an ihre Bezugspersonen brauchen die Kinder, um sich gesund entwickeln und aktiv lernen zu können, denn die Erwachsenen fungieren für sie als »sichere Basis«, um die Welt entdecken und sozial agieren zu können. Sind Kinder sicher, dass jemand an ihrer Seite ist, der sie versteht und unter-

2 Im Text wird durchgängig die weibliche Form benutzt, da in Kitas und Grundschulen überwiegend Frauen tätig sind. Erzieher und Lehrer sind natürlich ebenfalls gemeint.
3 Vgl. u. a. Dornes, M. 2000; Hédervári-Heller, E. 2011
4 Vgl. Bowlby, J. 1969 und Ainsworth, M. 1977
5 Vgl. Laewen, H.-J./Andres, B./Hédervári, E. 2003 (4)

stützt, dann können sie hinaus in die Welt gehen und sich weiterentwickeln.

Kinder hingegen, die mit dem Aufrechterhalten von Bindung beschäftigt sind, weil sie nicht wissen, ob ihre Bezugspersonen wirklich verfügbar sind, wagen sich nicht so leicht in die Welt hinaus und können folglich auch nicht so intensiv forschen. Bindungsverhalten schließt Explorationsverhalten aus. Deshalb sind stabile Bindungen für die Kinder so bedeutsam.

Auf die Krippenpraxis nehmen diese Erkenntnisse insofern Einfluss, als neu hinzugekommene Kinder meist in Begleitung ihrer Bezugspersonen eingewöhnt werden. Zudem verdanken wir diesen Publikationen das Wissen, dass Kinder nicht nur zu ihren Eltern, sondern auch zu anderen Menschen stabile Bindungen aufbauen können: Nach einiger Zeit in der Kita sind die Erzieherinnen für die Kinder ebenfalls wichtige Bindungspersonen.

Entscheidend ist vor allem die Art der frühen Bindungserfahrungen: Die sogenannte Bindungsqualität prägt das Selbstvertrauen eines Kindes, seine Lern- und Entwicklungsprozesse und somit seine gesamte Identitätsentwicklung: »Bindungssicherheit entsteht durch liebevolles und feinfühliges Verhalten seitens der Bindungsperson(en). Neben ihrer Funktion als ›sichere Basis‹ spielt die Bindungsperson in der Regulierung des emotionalen Sicherheitsgefühls beim Kleinkind eine unverzichtbare Rolle.«[6]

Was bedeutet Feinfühligkeit?

Liebevolles und feinfühliges Verhalten der Erwachsenen sind zentrale Bedingungen für die Entstehung von Bindungssicherheit. Damit ist gemeint, dass die Bezugspersonen die Signale des Kindes wahrnehmen und interpretieren, indem sie zum Beispiel das kindliche Verhalten kommentieren: »Ja, du schimpfst jetzt, du magst das Anziehen nicht. Aber wir haben es gleich geschafft.« Oder: »Oh, du lachst! Bestimmt freust du dich. Soll ich den Ball noch mal zu dir rollen?«

Nehmen Erwachsene kindliche Handlungen und Gefühle wahr und benennen sie, stärkt dies das gegenseitige Verstehen und unterstützt den Bindungsaufbau. Auch das angemessene, dem Entwicklungsstand oder den Bedürfnissen des Kindes entsprechende Reagieren ist von Bedeutung: »Eine feinfühlige Mutter... ist in der Lage, Dinge und Ereignisse vom Standpunkt des Kindes aus wahrzunehmen, ihre Reaktion zeitlich auf die Signale des Kindes abzustimmen und sich weder ablehnend noch zurückweisend zu verhalten. (...) Je jünger das Kind ist, umso prompter muss die Mutter auf seine Signale reagieren, damit der Säugling die mütterliche Reaktion mit dem eigenen Verhalten in Verbindung setzen kann.«[7]

Bindung in der Kita

Nicht allein während der »sanften Eingewöhnung« von Kindern in Krippe oder Kita ist das feinfühlige Handeln der Erzieherinnen wichtig, denn auch bereits eingewöhnte und ältere Kinder brauchen stabile Bindungsbeziehungen, also feste Bezugspersonen, die ihnen im Kita-Alltag Sicherheit vermitteln und so zu »Ankerplätzen« für die Kinder werden.

Mit Blick auf diese wichtigen Bindungsprozesse bei Kindern vor allem im Alter bis zu drei Jahren formulierten die Landesjugendämter im Jahre 2009 folgende Anforderungen an die Betreuungssettings in Krippen und Tagespflegestellen:

- stabile emotionale Bindungsbeziehungen mit liebevoller Zuwendung,
- einfühlsame und beziehungsvolle Pflege,
- wohlwollende und entwicklungsangemessene Förderung,
- empathische Anteilnahme,
- Unterstützung in Belastungssituationen,
- bedingungslose Akzeptanz,
- Sicherheit und Geborgenheit.[8]

Wohlbefinden, Selbstvertrauen, Neugier und Lernlust der Kinder haben also mit dem feinfühligen Ver-

6 Hédervári-Heller, E. 2011, S. 51
7 Hédervári-Heller, E. 2011, S. 56
8 Bundesarbeitsgemeinschaft der Landesjugendämter.Hamburg 2009, S. 4

halten der Erwachsenen und den dadurch geprägten Bindungserfahrungen zu tun. Diese Erfahrungen bleiben über die Kindergarten- und Schulzeit hinaus bis ins Erwachsenenalter bedeutsam. Aber je jünger die Kinder sind, desto wichtiger ist die Art und Qualität der Beziehung zwischen ihnen und den Erwachsenen. Aus diesem Grund sind sensible, ermutigende, feinfühlige Erwachsene – also die »guten« Lehrer – für Kinder existentiell wichtig.

Dialog und Bildung

Kaum ein pädagogischer Begriff hat in den letzten Jahren einen solchen Bedeutungswandel erfahren wie der Begriff »Bildung«. Vor allem die Begegnung mit der Reggio-Pädagogik in den 1980er Jahren machte uns mit Konzepten zur »Selbstbildung« und »ästhetischen Bildung« vertraut[9], und in Theorie und Praxis der Elementarpädagogik hat sich seither weitgehend die Überzeugung verankert: Bildung beginnt mit der Geburt.[10]

Als wir mit mehreren Autorinnen im Jahr 2004 das Berliner Bildungsprogramm verfassten, diskutierten wir lange über unser Verständnis von Bildung im Kindesalter und fanden eine Formel, die unsere Vorstellungen so zusammenfasst: »In Anknüpfung an Humboldt verstehen wir Bildung als die Aneignungstätigkeit, mit der sich der Mensch ein Bild von der Welt macht und sie gestaltet.«[11]

Mit dem Begriff »Aneignungstätigkeit« meinen wir die Kompetenz und vor allem die Selbsttätigkeit des Kindes, also seine Fähigkeit, von Geburt an zu fühlen, zu handeln und zu verstehen. Dazu braucht ein Kind vielfältige Gelegenheiten zum Selber-Tun und Verstehen, denn kindliche Erkenntnis ist nicht das Produkt pädagogischen Bemühens, sondern wird vom Kind selbst konstruiert, indem es vielfältige sinnliche Erfahrungen macht, seine Umwelt erkundet und all dies im Gehirn speichert und verarbeitet: Das Kind muss seine Umwelt im wahrsten Sinne des Wortes be-greifen. Und um neue Erfahrungen mit dem bereits Erlebten verbinden zu können, entwickelt das Kind Vorstellungen darüber, wie Ereignisse und Phänomene in seiner Umgebung zustande kommen und wie sie zusammenhängen könnten. Mit seinen Hypothesen und Vorstellungen abstrahiert das Kind von seiner konkreten Erfahrung: es denkt. Dabei spielen auch Fragen eine besondere Rolle. In den folgenden Kapiteln dieses Buchs wird davon noch die Rede sein.

Kindern zugewandte Erwachsene können die kindlichen Erkenntniswege zwar wahrnehmen und begleiten, sie aber nicht durch Instruktion oder »Beibringen« festlegen oder bestimmen. Erwachsene können aber Bildungs-Gelegenheiten schaffen – durch Räume, Objekte oder Fragen –, die die Neugier und Aktivität der Kinder herausfordern und damit ihre Erkenntnisse erweitern. Dabei ist es wichtig, wie Erwachsene die Kinder begleiten – und damit sind wir wieder bei der Bedeutung von Feinfühligkeit und Bindungsqualität.

Die Pädagoginnen und Pädagogen aus Reggio Emilia beschreiben das Lernen von Kindern mit dem Satz: »Kinder flirten mit der Welt.«[12] Je intensiver alle Sinne in diesen Flirt einbezogen sind, desto intensiver können die Kinder empfinden und denken lernen, Erfahrungen sammeln und Hypothesen über die Welt aufstellen. Dabei treten sie in intensive Dialoge mit Menschen und mit Dingen. Allerdings betonen die Reggianer: »Nicht der Gegenstand hat Bedeutung, sondern die Beziehung, die Bewegung, der Prozess.«[13] Dialog und Bildung sowie Feinfühligkeit und Lernen stehen also in engem Zusammenhang.

Fragen an die Welt

In diesem Buch geht es um Fragen, Fragen von Kindern und von Erzieherinnen.

Stellt jemand eine Frage, ist das der Ausdruck einer geistigen Bewegung. Man könnte sagen: »Im

9 Vgl. Schäfer, G.E. 2005 (2) und Dreier, A. 2010 (6)
10 Vgl. Schäfer, G. E. 2005 (2)
11 Berliner Bildungsprogramm 2006 (2), S. 18
12 Comune di Reggio Emilia 1984, S. 34
13 Comune di Reggio Emilia 1984, S. 12

Kopf« ist der Fragende auf dem Weg zu etwas Neuem. Deshalb werden Kinderfragen in Reggio Emilia so ernst genommen und sind eigentlicher Ausgangspunkt für pädagogisches Handeln – dem Motto entsprechend: »Das Auge schläft, bis der Geist es mit einer Frage weckt.«[14]

Es ist eine wichtige Aufgabe für Erzieherinnen, Kindern zuzuhören, ihre Fragen wahrzunehmen, angemessen darauf zu reagieren – also feinfühlig – und die Kinder auf der Suche nach Antworten zu begleiten. Fragt ein Kind beispielsweise: »Wer macht eigentlich den Regen?«, kann ein mehrwöchiges Projekt zum Thema »Regen« entstehen. Anfangs könnten sich die Kinder über ihre Gefühle austauschen: »Ich mag den Regen, weil ich ihn trinke. Wenn er fällt, strecke ich die Zunge heraus. Die Ameisen mögen ihn nicht. Fällt ein Tropfen auf sie, dann ist es, als wäre das ein See.«[15]

Vielleicht interessiert es die Kinder, woher der Regen kommt und wohin er geht. Vielleicht denkt ein Kind sich aus, dass es im Himmel besondere Maschinen gibt, die den Regen machen, oder dass Gott es regnen lässt, wenn er seine Blumen gießt. Womöglich erkunden die Kinder mit ihren Erzieherinnen die Geräusche des Wassers, inszenieren ein Regen-Theater oder besuchen die Kanalisation unter der Stadt, um zu schauen, wohin der Regen verschwindet.

Wie dem auch sei – auf vielfältige Weise erarbeiten sich die Kinder das Thema »Regen«, indem sie ihren Fragen nachgehen und bei ihren Aktivitäten oder Experimenten differenzierte Kenntnisse erwerben.

Die Entscheidung für ein solches Projekt treffen in Reggio Emilia die Erwachsenen: Sie wählen aus, welche Kinderfragen interessante und vielfältige Anlässe zum Forschen bieten, welche Aktivitäten sie eröffnen. Fragen, die langweilig sind oder deren Antworten alle schon kennen, inspirieren kein Projekt. Projekte sollen für Kinder und Erwachsene anregend sein und Spaß machen. Deshalb entscheidet neben dem Gehalt an Unbekanntem auch die emotionale Bedeutsamkeit eines Ereignisses oder einer Kinderfrage über ein Projektthema.

Manchmal stellen Erwachsene in den reggianischen Kitas den Kindern Fragen – mit Worten, aber auch mit ungewöhnlichen Objekten oder unerwarteten Ereignissen –, die die Kinder staunen und nachdenken lassen. Wenn zum Beispiel ein riesiges Zebra aus Stoff, unter dem zwei Erzieherinnen stecken, zum Mittagessen kommt und sich zu den Kindern gesellt oder wenn Kinder beim Licht- und Schattenspiel geheimnisvolle Objekte entdecken, dann haben die Erwachsenen ein »provokatorisches Element« eingeführt – etwas, das die Kinder aufmerksam macht, stutzen lässt und ihren Geist zur Überwindung einer »kognitiven Diskrepanz« verführt.[16]

Dass solche Erlebnisse den Kindern viel Vergnügen bereiten, erfahren Erzieherinnen und Lehrerinnen ganz unmittelbar, denn Spiel, Vergnügen und Fantasie sind zentrale Bestandteile kindlicher Erkenntnis. Oder – wie moderne Kindheitsforscher dies ausdrücken: Lust und Leistung gehören für die Kinder zusammen.[17]

Dialog und Spracherwerb

»Wir können tatsächlich mit Sicherheit annehmen, dass Gefühle die bewegende Kraft sind, die den Dialog in Gang bringen und vorwärts treiben.«[18]

Ab ihrem ersten Lebenstag kommunizieren wir mit Neugeborenen – und zwar vor allem mittels unserer Sprache. Das heißt, wir Erwachsene sprechen und gehen davon aus, dass die Kinder uns verstehen, obwohl wir das nicht wissen können, denn die Neugeborenen antworten uns ja nicht mit Worten. Dennoch merken wir, dass ein weinender Säugling sich meist beruhigt, wenn wir zu ihm sprechen, dass er vielleicht eine Weile Blickkontakt mit uns hält oder lächelt.

So führen wir eigentlich Scheindialoge – aber gerade diese an die Kinder gerichteten Selbstgespräche

14 Vgl. Comune di Reggio Emilia 1984 sowie die Übersetzung der Texte zur Ausstellung »Hundert Sprachen hat das Kind«, herausgegeben vom Ministerium für Bildung, Jugend und Sport des Landes Brandenburg 1994

15 Vgl. ebd.

16 Vgl. Kohlberg, J. 1974

17 Vgl. Kahl, R.: Kinder! DVD, Hamburg/Berlin 2008

18 Spitz, R. 1963, 1988, S. 67, zit. n. Hédervári-Heller, E. 2011, S. 51

Projektpläne in Reggio

In der Konzeption und Praxis der Reggio-Pädagogik sind Projektpläne »Stützen und Pfeiler eines Hauses«[19], dienen also als Orientierung für gemeinsame Vorhaben, deren Verlauf die Kinder bestimmen und verändern. Anlass sind Erlebnisse oder Fragen von Kindern, die die Erwachsenen aufgreifen und zum Projekt machen, weil sie die Kinder besonders bewegen oder weil die Erwachsenen sie für wichtig erachten, zum Beispiel das Thema »Jungen und Mädchen«.

Es gibt Projekte, die ein Jahr lang dauern oder die nur einige Wochen in Anspruch nehmen. Alle Projekte werden in Kleingruppen durchgeführt, das heißt, nicht immer sind alle Kinder beteiligt.

Das Projekt »Licht und Schatten« zum Beispiel wurde durch zwei Ereignisse initiiert:

- Eine Erzieherin beobachtete ein etwa zweijähriges Mädchen, das vor einer Mauer im Garten stand und von der Bewegung seines Schattens fasziniert war: Plötzlich verschwand die Sonne hinter einer Wolke, und auch der Schatten verschwand. Das Mädchen lief hinter die Mauer und suchte seinen Schatten.
- Eine Vierjährige spielte »Schattenvogel«: Der Schatten eines Vogels, dessen Umriss an einer Glasscheibe klebte, war auf dem Fußboden aufgetaucht. Sie rätselte lange, woher der Schatten wohl gekommen war. Später machte sie mit anderen Kindern den Schattenvogel zu einer Uhr, an der sie die Tageszeit ablesen konnte.

Beide Ereignisse besprachen die Erzieherinnen im Team, weil sie es erstaunlich fanden, wie faszinierend der Schatten für die Kinder war. Sie wollten mehr darüber erfahren, welche Hypothesen die Kinder über Schatten entwickeln. Dass dieses Projekt Kinder und Erwachsene ein Jahr lang beschäftigen würde, hatten sie anfangs sicherlich nicht gedacht.[20]

Der »Schatten«-Projektplan[21]

1. Entscheidung für das Thema nach den Ereignissen und Fragen der Kinder.
2. Vorbereitungsphase der Erwachsenen: Sprichwörter über Schatten sammeln, entwicklungspsychologische Fragen bearbeiten, Mythen und Märchen über Schatten zusammentragen, den Einsatz von Schatten in der Architektur untersuchen.
3. Erste Phase der Hypothesen der Kinder zum Thema: Was ist ein Schatten? Woraus ist der Schatten gemacht?
4. Erste Phase der Experimente: im Freien mit Sonne und den eigenen Schatten.
5. Erste Visualisierung der Kinder: Wir malen unseren Schatten.
6. Erneute Hypothesen: Woher kommt der Schatten? Was macht alles einen Schatten?
7. Experimente und Visualisierungen: Licht und Schatten im Atelier, Besuch im Fußballstadion bei Flutlicht, Nachtwanderungen.
8. Weitere Visualisierungs- und Gestaltungsphasen der Kinder;
9. Abschlussdokumentation der Erzieherinnen;
10. Vorstellung des Projekts. Eingeladen waren Kinder, Kolleginnen und Eltern.

Weitere Projektdokumentationen aus Reggio Emilia sind: »Schuh und Meter«, »Die Kinder vom Stummfilm«, »Die Geschichte von Laura und Daniele«, »Alles hat einen Schatten außer den Ameisen«.

sind wichtig für die Entwicklung von Bindungen und für den kindlichen Spracherwerb. Kinder lernen dadurch beispielsweise, wie Menschen miteinander sprechen: Frage, Pause, Antwort, Pause, erneute Frage, Pause...

Doch es passiert noch etwas viel Grundsätzlicheres in diesen Scheindialogen: »Moderne Emotionsforscher vertreten die Auffassung, dass Mutter und Säugling von Geburt des Kindes an ein affektives Kommunikationssystem bilden (...), in dem die Mutter

19 Vgl. Malaguzzi, L. 1992
20 Vgl. Reggio Children 2005
21 Vgl. Rinaldi, C. 1992 (Übersetzung: A. Dreier)

durch die Modellierung der Affektzustände des Säuglings eine entscheidende Funktion erfüllt. (...) Wie in einem Spiegel lässt die Mutter die Affekte des Kindes in ihrem eigenen Gesichtsausdruck erscheinen, und so entwickelt das Kind zunehmend ein Bewusstsein von emotionalen Zuständen.«[22]

Indem wir zu den Säuglingen sprechen, ordnen wir die Gefühlswelt der Neugeborenen und geben ihnen damit eine Orientierung. Gefühle wie Freude, Interesse, Kummer oder Ekel sind nämlich schon im Gesichtsausdruck Neugeborener zu erkennen. Angst und Ärger kommen in den ersten Lebensmonaten hinzu; Scham und Schuld folgen im zweiten Lebensjahr. Indem wir Erwachsenen diese Gefühle benennen – wie zum Beispiel: »Du schreist jetzt, du hast sicher großen Hunger.« oder »Du lächelst, das Baden gefällt dir.« –, geben wir dem Gefühlsausdruck des Babys einen Namen und »spiegeln« den kindlichen Affekt. Dies ist eine wichtige Voraussetzung dafür, dass die Kinder allmählich eine Vorstellung von emotionalen Zuständen entwickeln.

Im Dialog mit Neugeborenen ordnen wir deren Eindrücke und Gefühle. Dadurch vermitteln wir den Säuglingen Sicherheit in einem zu Beginn des Lebens verwirrenden Umfeld.

Junge Kinder orientieren sich in neuen Situationen auch am Gesichtsausdruck ihrer Bezugspersonen: Schauen wir ängstlich, werden die Kinder vorsichtig. Unser ruhiger, gelassener Gesichtsausdruck gibt ihnen Sicherheit zum Weiterforschen. »Die eigene Unsicherheit, wie eine neue Situation zu beurteilen ist, bewältigt das Kind, indem es im Gesicht der Bezugsperson abliest, was diese empfindet.«[23]

Dieser »Affektaustausch« mit den Bezugspersonen charakterisiert die Kommunikation in der frühen Kindheit. Deshalb sind das gemeinsame Erleben und das Benennen von Affektzuständen – Mutter, Vater oder Erzieherin und Kind freuen sich gemeinsam, sind gemeinsam bekümmert oder traurig – von so großer Bedeutung. Studien belegen, dass es einen engen Zusammenhang zwischen dem Affektaustausch, dem Spracherwerb und der Dialogfähigkeit eines Kindes gibt.[24]

Welche schrecklichen Folgen es hat, wenn die Ordnung der Gefühle und die »Spiegelung der Affekte« zwischen Erwachsenen und Babys ausbleiben, belegen Versuche zum kindlichen Spracherwerb. Grausame Experimente, durchgeführt auf Wunsch des Stauferkaisers Friedrich II., sollten zeigen, welche Sprache den Kindern angeboren ist: Hebräisch, Griechisch, Latein, Arabisch oder die Sprache ihrer Eltern. Der Kaiser ließ Säuglinge zu Ammen geben, die nicht mit ihnen sprechen und ihnen keinerlei verbale oder körperliche Zuneigung zukommen lassen durften. Das Ergebnis: Alle Säuglinge starben.[25]

Miteinander sprechen: Grammatik und Wortschatz

Neben der Ordnung der eigenen Affekte erwirbt das Neugeborene im Dialog mit Erwachsenen natürlich auch Sprache: Es lernt viele Wörter und Begriffe der Sprache kennen, in der die Erwachsenen mit ihm kommunizieren. Mit der Zeit beginnt das Kind, selbst Laute und Wörter zu produzieren. Diese Eigenaktivität bei der Lautproduktion ist sehr wichtig. Forscher haben nachgewiesen, dass Menschen nur dann Sprache erwerben können, wenn sie diese Sprache auch aktiv produzieren. Allein durch den passiven Sprachkonsum, zum Beispiel durch Fernsehen oder Hören, erlernen wir keine neue Sprache.[26]

Beim kindlichen Spracherwerb spielt zwar auch die Imitation der Sprache Erwachsener eine Rolle, aber Kinder produzieren viel mehr Sprache auf eigene Weise und erfinden Wörter, die sie noch nie gehört haben, also nicht imitieren können. Beim Sprechenlernen entwickeln und prüfen sie ständig Hypothesen über ihre Muttersprache und übernehmen oder verwerfen ihre Annahmen. All diese komplizierten Schritte vollziehen die Kinder meist ganz mühelos. Der Spracherwerb ist kein bewusstes, zielgerichtet angegangenes Lernfeld für sie: Wie nebenbei binden sie ihn in all ihre Handlungen und Aktivitäten ein.

22 Hédervári-Heller, E. 2011, S. 46
23 Hédervári-Heller, E. 2011, S. 50
24 Vgl. Tomasello, M. 2009
25 Vgl. Zimmer, D. E. 1988
26 Vgl. u. a. Szagun, G. 2006; Zimmer, D. E. 1988

Spracherwerb im Kindesalter

Schon im Mutterleib beginnt die Sprachentwicklung der Kinder durch vielfältige Erfahrungen mit Geräuschen im und außerhalb des Körpers der Mutter. Unmittelbar nach der Geburt unterscheiden sie bereits Stimmen und Musik, und das Hören von Sprache regt die Säuglinge stärker zum Saugen an als Musik.

Im Alter von zwei Monaten unterscheiden Säuglinge bereits fremde und vertraute Stimmen. Mit fünf bis sechs Monaten lallen und brabbeln sie. Selbst taub geborene Kinder vokalisieren zunächst, doch da sie sich nicht hören und damit verstärken können, versiegt ihre Lautproduktion.

Etwa ab dem sechsten Lebensmonat beginnen Kinder, Sprachlaute absichtsvoll zu bilden. Nach Roman Jakobson[27] produzieren alle Kleinstkinder zunächst die gleichen Laute in der gleichen Reihenfolge:

- als Vokal das a;
- als Konsonant einen mit den Lippen gebildeten Verschlusslaut, also p und b;
- der zweite Konsonant ist der Nasallaut m, daraus ergibt sich ma;
- die Konsonanten t und d, da und ta treten auf;
- als vierten Konsonanten das n (p, b, t, d, m, n und a);
- später folgen Reibelaute wie f oder s, zudem i und u.

»So entsteht allmählich das allen menschlichen Sprachen zugrunde liegende Lautsystem. Es gibt keine Sprache, in der nicht mindestens diese Laute alle vorkämen.«[28]

Demnach sind die Kinder von ihren Lautbildungen her in der Lage, alle Sprachen dieser Welt zu sprechen. Allmählich reduziert sich das Lautrepertoire dann auf die etwa 20 Lauteinheiten oder Phoneme, die ein Kind in seiner Muttersprache tatsächlich braucht. Alle »unnötigen« Laute werden nicht mehr produziert und verschwinden mit der Zeit aus dem kindlichen Lautrepertoire.

Während das Kind die Laute seiner künftigen Muttersprache übt, assoziiert es die »nötigen« Lauteinheiten zunehmend mit Bedeutungen und Begriffen. Das heißt: Laut- und Bedeutungseinheiten werden miteinander kombiniert; Dinge, Menschen und Ereignisse bekommen einen Namen.

Im Alter von etwa acht Monaten üben die meisten Kinder Lautverdoppelungen wie mama, dada, papa. Im Alter von etwa zehn bis zwölf Monaten produzieren sie erste wortähnliche Gebilde. Werden diese Gebilde aufgeschrieben, ist das für die Kinder wie ein Geschenk. Dadurch können sie später nachvollziehen, was ihre ersten Wörter waren und was sie als Babys besonders interessiert hat. Vielleicht war das erste Wort ja »Hauber«, der Hubschrauber nämlich, und nicht »Mama« oder »Papa«.

Im Alter von zwölf Monaten beginnen die Kinder zumeist, Ein-Wort-Sätze zu bilden. Im Alter von zwölf bis 18 Monaten können sie etwa zehn bis 50 Ein-Wort-Sätze produzieren – zum Beispiel »Nunnu!« für »Ich will meinen Nuckel haben!« oder »Da« für »Das Müllauto kommt«. Zwei-Wort-Sätze bilden die meisten Kinder dann mit etwa 18 Monaten. Bei zweisprachig aufwachsenden Kindern vollzieht sich dieser Prozess meist etwas später, dafür aber in zwei Sprachen.

Eine Drei-Wort-Phase gibt es nach Studien von Sprachforschern nicht: Hat ein Kind die Zwei-Wort-Phase hinter sich, werden seine Sätze stetig länger und komplexer.[29]

Mehr Erläuterungen zu den einzelnen Phasen des Spracherwerbs finden sich im nächsten Kapitel.

Wovon sprechen Kinder?

Kinder sprechen zu Beginn ihres Spracherwerbs vor allem von Dingen, die sich bewegen, wie Menschen, Fahrzeuge und Tiere. Erst danach sprechen sie von Dingen, die bewegt werden: Nahrungsmittel, Kleidungsstücke, Spielsachen.

Dies fand Lois M. Bloom[30] bei ihren Studien heraus, und sie fand zudem eine Reihenfolge. Bei den meisten Kindern geht es um:

27 Vgl. Jakobson, R. 1960
28 Zimmer, D. E. 1988, S. 29
29 Vgl. u. a.: Jampert, K. et al., Weimar/Berlin 2006; Szagun, G. 2006; Zimmer, D. E. 1988
30 Vgl. Bloom, L. M. 1976

- das Vorhandensein von Dingen (Papa da. Da Wauwau.),
- das Verschwinden von Dingen (Wo Wauwau? Wo Mama?),
- um das Nichtvorhandensein von Dingen (Mama weg.),
- um das Wiedererscheinen von Dingen (Da Wauwau. Mama da.).

Wie viel Sprache erwerben Kinder?

Sprachwissenschaftler haben in einer Studie die Wörter gezählt, die Kinder im frühen Alter produzieren. Dabei fanden sie Erstaunliches: Im Alter von etwa einem Jahr verfügen Kinder über etwa 50 wortartige Gebilde. Sechsjährige verstehen cirka 23.700 Wörter und nutzen cirka 5.000 Wörter aktiv. Das heißt, die Kinder haben in vier bis fünf Jahren jeden Tag 14 neue Wörter passiv und 3,5 neue Wörter aktiv gelernt – und das quasi wie von selbst, in ganz alltäglichen Situationen. Sind Kinder etwa zehn Jahre alt, nimmt das schnelle und scheinbar mühelose Sprachlernen ab; der Spracherwerb gilt dann als abgeschlossen.[31]

Sprachentwicklung fördern – aber wie?

Ältere Studien haben gezeigt, wie sich verschiedene pädagogische Stile auf den Spracherwerb auswirken. Sie belegen, dass besonderer Eifer der Erwach-

31 Vgl. Zimmer, D. E. 1988

Ein Beispiel für die Interaktion mit einem Krippenkind

1. Benennen, was das Kind tut oder gerade getan hat: Du hast einen roten Baustein ausgesucht und in die Hand genommen.
2. Bestärken: Du hast den roten Baustein unter all den vielen grünen Steinen gefunden. Das finde ich gut, wie du das geschafft hast.
3. Erweitern: Versuch mal, noch einen anderen roten Baustein zu finden.

senen wie Vorsprechen, Beibringen neuer Wörter und Korrigieren den Spracherwerb eher behindert. Am förderlichsten für die Sprachentwicklung sind möglichst viele Gespräche und Dialoge, in denen die Kinder nicht korrigiert werden, aber reiche sprachliche Vorbilder finden.[32]

Auch aktuelle Untersuchungen bestätigen, dass der kindliche Spracherwerb nicht durch Unterricht oder Beibringen neuer Wörter, sondern durch feinfühlige sprachliche Begleitung gefördert wird: So stellen zum Beispiel Kinder von Müttern, die viel fragen, auch selbst viele Fragen. Und Kinder, deren Mütter Fragen und Gesprächsanlässe aus den Interessen ihrer Kinder ableiten, verfügen über einen größeren Wortschatz als Kinder, deren Mütter Gesprächsthemen unabhängig von den Interessen ihrer Kinder festsetzen.[33]

Dialoge in der Kita

Studentinnen von Kuno E. Beller, dem Begründer einer modernen Kleinkindpädagogik in Deutschland und Autor der »Entwicklungstabelle«[34], lernten in den 1980er Jahren drei wichtige Regeln für die Interaktion mit jungen Kindern: »Benennen, was das Kind tut, bestärken, was es tut, und sein Handeln erweitern.«

Auch wenn diese Art der Interaktion zunächst etwas künstlich klingen mag – so unterstützt sie doch die

Komplexere Handlungen von älteren Kindern begleiten

1. Benennen: Ich habe gesehen, dass du im Turnraum versucht hast, auf die Schaukel zu klettern. Dabei hast du dich hochgezogen. Du hast deine Hände am T-Shirt abgeputzt, damit du nicht vom Seil rutschst.
2. Bestärken: Das war bestimmt anstrengend für dich. Ich habe gestaunt, wie toll du das gemacht hast. Die Schaukel hängt ja ganz schön weit oben. Und die Hände abzuputzen, das war eine richtig gute Idee.
3. Erweitern: Wenn du schon so gut auf die Schaukel klettern kannst – willst du mal so hoch schaukeln, dass deine Füße fast bis an die Decke stoßen?

Kinder, ihrem Wollen und Tun einen Namen zu geben. Die Kinder erwerben nicht nur neue Wörter und Begriffe, sondern erfahren die Wertschätzung dessen, was sie tun und beabsichtigen. Indem der Erwachsene das kindliche Handeln benennt, zeigt er dem Kind: Ich sehe, was du machst. Gleichzeitig signalisiert er: Ich verstehe, was du möchtest.

Man könnte die Trias »Benennen, Bestärken, Erweitern« demnach um das »Verstehen« ergänzen: Der Erwachsene benennt die kindlichen Gefühle und Handlungen und teilt dem Kind dadurch mit: Ich erkenne dein Interesse und deine Absicht. Auf diese Weise hilft er dem Kind, ein stärkeres Bewusstsein seines Handelns und seiner Emotionen zu entwickeln. Dieses Bewusstsein ist eine Voraussetzung für Selbstreflexion und Empathie.

Natürlich muss nicht jede Interaktion zwischen Erzieherinnen und Kindern nach diesem Muster ablaufen. Doch wie die Nachdenkgespräche, um die es in diesem Buch geht, lässt sich auch diese Art der Kommunikation im Kita-Alltag ohne Aufwand umsetzen.

32 Vgl. Cazden/Courtney 1965, zit. n. Zimmer, D. E. 1988
33 Vgl. Hildebrandt, F. 2011, S. 22-23; Tomasello, M. /Farrar 1986; Akhtar/Dunham 1991; Tomasello, M. 2006
34 Vgl. Beller, K. E./Beller, S. 2005 (5)

Vergleichbar dem eben beschriebenen pädagogischen Vorgehen ist das Verfahren der »Bildungs- und Lerngeschichten«[35]: Anhand von Beobachtungen in Alltagssituationen und nach Analyse der Interessen der Kinder und ihrer Engagiertheit entwickeln die Erzieherinnen individuelle Lerngeschichten für jedes Kind. Mit diesen Geschichten erschaffen sie in sprachlicher Form und mit Fotos oder Zeichnungen der Kinder anschauliche Berichte über das jeweils Besondere der kindlichen Lernprozesse. Und weil die Bildungsgeschichten so gut dokumentiert und präsentiert werden können, ergeben sich daraus wieder neue Gespräche mit den Kindern – also Anlässe für Dialoge, die vor allem die Kinder dringend brauchen, denn: »Ganze 9 Prozent des Kita-Alltags werden von dialogischen Interaktionen zwischen Erzieherinnen und Kindern belegt. Das ist viel zu wenig.«[36]

Spaß mit Sprache

Zu den hundert Sprachen der Kinder gehört natürlich auch das kreative Spiel mit Sprache.

Kinder im Alter von drei bis sechs Jahren scheinen eine besondere Sprach-Lust zu haben und erfinden gern neue Wörter und Begriffe. »Der Mann best«, sagte zum Beispiel mein Sohn, als er klein war. Aus »Besen« und »fegen« hatte er ein neues Verb gebildet. Auch sein Satz: »Die Dornen stacheln« folgte dieser Logik.

Kindliche Sprachschöpfungen wahrzunehmen und aufzuschreiben, das ist eine schöne und wichtige Aufgabe für uns Erwachsene, denn Kreationen wie das »Nabelsofa« für ein Sofa mit Knöpfen oder »Advokatnuss« für Avocado gehören in die Sprachlerntagebücher und Portfolios der Kinder. Sie geben uns Einblicke in die kindlichen Denkweisen und

35 Vgl. Leu, R. et al (DJI) 2007
36 Hildebrandt, F. 2011

Spracherwerbsprozesse: Ein Kind, das »erstens, zweitens, dreitens« aufzählt, stellt eine kluge Hypothese über die Zählweise auf. Bei der Pluralbildung üben Kinder mit »Baggers«, »Männers« und »Polizisterinnen« kreativ deutsche Grammatik.

In der Kita, aber auch zu Hause, machen Sprachspiele und Sprechunsinn Spaß. Erzieherinnen eines Freinet-Kindergartens hatten »Kacka-Pups«-Gedichte der Kinder aufgeschrieben, Gedichte mit vielen »Ausdrücken«, die die Kinder eigentlich nicht sagen sollten. Eigentlich...

Häufig üben sich Kinder auch im Rückwärtssprechen, oder sie sagen eine Zeitlang immer genau das Gegenteil dessen, was sie eigentlich meinen.[37] Nach dem Schriftspracherwerb bereitet das Spiel »Onkel Otto sitzt in der Badewanne« bekanntlich vielen Kindern großes Vergnügen, aber auch schon vor dem Schreiben- und Lesenlernen sind Unsinn-Geschichten reizvoll, beispielsweise Ernst Jandls Gedicht über einen Hund, in dem es heißt: »Ottos Mops kotzt.«[38]

Fazit

Ohne Bindung keine Bildung: So lässt sich der Zusammenhang von Bindungsbeziehungen und kindlichem Spracherwerb zusammenfassen. Wichtig für den gelingenden Spracherwerb von Kindern sind das reiche sprachliche Vorbild der Erwachsenen, viele Dialoge im Alltag und das Aufnehmen der kindlichen Interessen in den Gesprächen mit den Kindern.

Wie können Erzieherinnen dieses Wissen in ihre alltäglichen Interaktionen mit den Kindern einbringen? Welche Rolle spielen dabei Nachdenkgespräche? Und wie wird Bildung zu einem Ereignis, das Staunen, Nachdenken und Fantasieren anzuregen vermag? Lesen Sie weiter...

37 Vgl. Freinet-Kindergarten Prinzhöfte. DVD 2005
38 Jandl, E. 1963

Die drei Aspekte des Sprechens

In aktuellen Debatten der Entwicklungspsychologen und Hirnforscher wird deutlich: Sprache ist nicht der Ursprung der Kognition. Sprache ist ein Teil des kognitiven menschlichen Vermögens – und zwar ein besonderer Teil. Sprache, so könnte man sagen, erweitert den Verstand. Und indem sie das tut, erweitert sie unseren Willen und unsere Emotionen. Wie der Horizont des Denkens ist nämlich auch der Horizont des Wollens und Fühlens von unserer Sprache begrenzt. Je mehr Möglichkeitsräume sich uns durch Überlegungen eröffnen, desto mehr reale Handlungsoptionen ergeben sich für uns.

Der Wille ist das Alternativvermögen schlechthin: Wir müssen ständig zwischen verschiedenen Möglichkeiten wählen. Aber nur, wenn wir ihrer gewahr werden, ergeben sich echte Optionen für uns. Der Philosoph Peter Hacker und der Neurowissenschaftler Maxwell Bennett sagen: »Der Sprachbesitz erweitert das Spektrum möglicher emotionaler Reaktionen ebenso sehr wie den Denk- und Willenshorizont. Er gibt uns nicht nur die Möglichkeit, die uns umgebende Welt nachdenkend in den Blick zu nehmen, sondern auch unsere kognitiven Reaktionen auf das, was wir auf diese Weise herausfinden.«[39]

Man könnte auch frei nach Ludwig Wittgenstein sagen: Die Grenze meiner Sprache ist die Grenze meines Denkens, Wollens und Fühlens, meiner Welt. Denn Sprache wirkt auf die anderen Bereiche der Kognition. Das tut sie, wie Michael Tomasello vom Max-Planck-Institut für evolutionäre Anthropologie in Leipzig betont, auf dreierlei Weise[40]:

- Erstens geben wir mittels Sprache unser Wissen weiter; über Generationen hinweg transportieren wir Denkmodelle und Erklärungsmuster.
- Zweitens wird unser kausales und klassifikatorisches Denken durch die strukturierende Rolle der Sprache beeinflusst: Jede Erzählung berichtet von Ereignissen, die – wie immer sie sich entwickeln – doch irgendwie nachvollziehbar und logisch aufeinander folgen.
- Drittens und vor allem sprechen wir in der Regel nicht mit uns selbst, sondern mit anderen Menschen. Und wir verstehen sie, wenn sie sprechen. Durch den Dialog erleben wir, dass andere Menschen andere Gefühle oder andere Meinungen haben, dass sie gleiche Sachverhalte ganz anders interpretieren als wir, manchmal sogar gleiche Wörter. Das führt nicht selten zu Missverständnissen, die wir alle kennen. Wir merken, dass man sich aus unterschiedlichen Perspektiven auf den gleichen Gegenstand beziehen kann.

Diese drei Aspekte des Sprechens – Wissen, Struktur und Perspektive – sind höchst bedeutsam für die Entwicklung kognitiver Fähigkeiten. Michael Tomasello sagt: »Perspektivische kognitive Repräsentationen, das ist von größter Wichtigkeit, sind kein Format menschlicher Begriffsbildung, das mit der Geburt gegeben ist, sondern werden vielmehr von Kindern konstruiert, wenn sie sich am Prozess der kooperativen Kommunikation beteiligen – im Hin und Her verschiedener Arten von Diskursen, in denen verschiedene Perspektiven bezogen werden, die Teil des gemeinsamen begrifflichen Hintergrunds sind.«[41]

---

39 Bennett, M. R./Hacker, P. 2010, S. 456
40 Tomasello, M. 2006, S. 124 ff.
41 Tomasello, M. 2009, S. 364

Mit anderen Worten: Die sprachliche Umgebung der Kinder im Krippen- und Kindergartenalter beeinflusst deren kognitive Entwicklung stark. Mithin tragen Eltern und Pädagoginnen, die mit kleinen Kindern arbeiten, besondere Verantwortung dafür, unterschiedlichste Dialoge mit Kindern zu initiieren und gemeinsame Gespräche zu führen. Nicht von ungefähr betont Elsbeth Stern, Psychologin und Professorin für Lehr- und Lernforschung an der Eidgenössischen Technischen Hochschule in Zürich: »... Kinder in Gespräche über interessante Ereignisse ihrer Umwelt zu verwickeln ist die Herausforderung für Erzieherinnen und Erzieher.«[42]

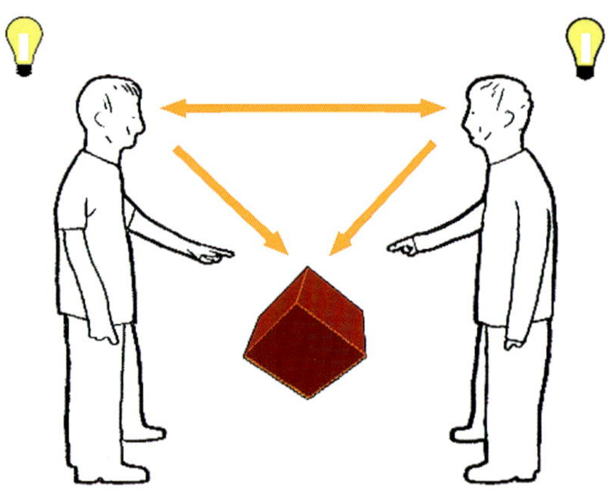

Was im Dialog passiert

Dialoge mit Erwachsenen unterstützen die kognitive Entwicklung der Kinder auf dreierlei Weise: Durch das Fragen kommen Kinder den Denkmodellen und Denkwegen der Erwachsenen auf die Spur und erweitern ihr Weltwissen. Durch gemeinsame Dialoge entwickeln sie eine Idee von zeitlichen und kausalen Verknüpfungen. Und sie erkennen andere Menschen als Wesen mit anderen Perspektiven und anderen Meinungen, entwickeln eine Sicht auf sich selbst und auf andere Menschen – die Voraussetzung für die Fähigkeit zur Selbststeuerung, für Metakognition.

All das funktioniert besonders gut, wenn gemeinsame Dialoge über Dinge oder Ereignisse in der Welt häufig stattfinden, wenn Kinder tagein, tagaus »in Dialogen leben« dürfen.

Was passiert überhaupt in einem Dialog über die Welt – rein technisch betrachtet?

Zwei Personen beziehen sich auf denselben Gegenstand, sei er nun greifbar oder abstrakt. Nehmen wir an, dass ich die Person auf der linken Seite bin. Ich sehe den Gegenstand vor mir. Ich sehe, dass Peter, der rechts steht, sich auf den Gegenstand vor uns beiden bezieht, und ich höre, dass er mir dazu etwas sagt. Zugleich sehe ich: Peter sieht, dass ich den Gegenstand vor uns beiden sehe. Und ich sehe auch: Peter sieht, dass ich sehe, dass er den Gegenstand vor uns beiden sieht. Peter ergeht es ebenso. Also: Ich sehe, dass er sieht, dass ich sehe, dass er sieht...

Was passiert in dieser Situation?

Erstens konstruieren wir einen »gemeinsamen Hintergrund« für unsere Verständigung, in dem wir gemeinsam die Aufmerksamkeit auf etwas richten.

Zweitens entsteht durch das Hin und Her der Wahrnehmung in dieser Triangulationssituation in uns ein Blick »von oben« auf uns beide. Und damit werde ich selbst auch zum Gegenstand meiner eigenen Wahrnehmung. Das geht Peter ebenso. Dieser Effekt macht die Situation zu einer gemeinsamen, im Wortsinn geteilten Situation und kreiert die Idee von Objektivität.

Übrigens funktioniert das nicht nur, wenn wir über Regenwürmer oder andere raumzeitliche Gegenstände sprechen, sondern auch, wenn wir uns über Unendlichkeit oder Liebe verständigen. Wir schaffen einen gemeinsamen Raum, in dem sich unsere Gehirne bei der Verständigung über ein Phänomen im Wortsinn treffen. Man nennt das auch »meeting of minds«.

Schon mit neun Monaten fangen Kinder an, Situationen gemeinsamer Aufmerksamkeit aufzubauen, so zu triangulieren ist die Grundlage für Dialoge. Vor dieser Neun-Monate-Revolution kann das Baby nicht begreifen, dass wir und die Klapper, mit der es hantiert, »im selben Film sind«, dass ich mich sowohl auf die Klapper als auch auf es selbst beziehen kann. Mit

42 Stern, E. 2010, S. 62

neun Monaten verstehen Kinder das und beginnen, die Aufmerksamkeit eines Erwachsenen zu prüfen. Ab dem elften Monat sind sie imstande, dem Aufmerksamkeitsfokus eines Erwachsenen zu folgen. Mit etwa 13 Monaten können sie die Aufmerksamkeit eines Erwachsenen bewusst auf einen Gegenstand ihres Interesses lenken. Sie suchen solche Situationen und wollen einen gemeinsamen Hintergrund etablieren.

Im Gegensatz zu Primaten fordern Kinder die Aufmerksamkeit eines Erwachsenen für eine Wahrnehmung oder Idee – sie wollen sie teilen. Das kennen wir alle: »Guck mal, hier!« Oder: »Hör mir mal zu!« Primaten fordern nur dann die Aufmerksamkeit von Menschen, wenn sie sich davon versprechen, etwas zu bekommen, das sie haben wollen.

Die Kleinkindsprache Erwachsener

Alle Erwachsenen und ältere Kinder sprechen in besonderer Weise, wenn sie mit kleinen Kindern sprechen. Sie sprechen eine an kleine Kinder gerichtete Sprache. Diese Sprache zeichnet sich durch kurze Sätze, viele Fragen, Aufforderungen und Wiederholungen aus. In der Regel werden für den Sinn wichtige Wörter besonders betont, es wird mit starkem Bezug auf die Gegenwart gesprochen und meist in deutlich höherer Tonlage.

Fast automatisch fallen wir in ein solches Sprechen, wenn wir den Dialog mit kleinen Kindern suchen. Daran ist vieles gut. Einiges aber nicht: zum Beispiel die Tendenz, nicht nur in kurzen, sondern auch in unvollständigen Sätzen zu sprechen und die Verben wegzulassen. Also nicht zu sagen: »Da ist deine Milch.« Sondern: »Da, Milch.« Oder gar in Babysprache zu verfallen: »Ata-ata, heia-heia.«

Ideal und in unserem Zusammenhang besonders wichtig ist, dass wir beim Dialog in Kleinkindsprache in der Regel dem Aufmerksamkeitsfokus des Kindes folgen, um ein Gespräch über etwas Drittes zu beginnen. Wir nehmen die Aufmerksamkeitsrichtung des Kindes wahr, folgen ihr und »kommentieren« oder »benennen« die Wahrnehmung des Kindes. Schon in den ersten Wochen behandeln wir das Kind, als ob es uns verstehen würde. Wir unterstellen ihm die Fähigkeit, etwas von dem, das wir ihm sagen wollen, »irgendwie« zu verstehen, obwohl es noch nicht sprechen kann.

Dieses sensitive »Hineingehen« in den Aufmerksamkeitsfokus des Kindes lässt eine gemeinsame Situation besonders dialogintensiv werden. Dabei entsteht für das Kind ein Hintergrund, der ein gemeinsamer Hintergrund werden kann – die grundlegende Voraussetzung für menschliche Kognition.

Nicht immer kommunizieren wir so ideal: Experimentelle und korrelative Studien belegen, dass Mütter, deren Kommunikationsstil darauf ausgerichtet ist, dem Aufmerksamkeitsfokus ihrer Kinder zu folgen, ihn zu teilen und von da aus zu erweitern oder zu fokussieren, Kinder mit einem größeren Wortschatz haben als Mütter, die Sprache dazu verwenden, die Aufmerksamkeit der Kinder auf neue Gegenstände und Ereignisse zu lenken.[43] Das kann man sich gut vorstellen.

Diese Einsicht bildet auch die Grundlage der zeitgemäßen Handlungskonzepte für die Arbeit im Elementarbereich: Die Interessen und Fragen der Kinder sind ebenso wie ihre Kompetenzen harte Fakten im Bildungsprozess. Sie sind Indikatoren der »Wissenslust« und Zeichen der »Offenheit für Neues«. Daher bilden sie den idealen Ausgangspunkt für pädagogische Handlungen, die die Kinder dabei unterstützen, sich ein Bild von sich selbst, den Ereignissen und Gegenständen dieser Welt und von anderen Menschen zu machen – kurz: sich zu bilden.

Die Fragen kleiner Kinder

Der Aufmerksamkeitsfokus der Kinder lässt sich bald auch an ihren Fragen erkennen. In der Regel stellen sie etwa im Alter von 18 Monaten sehr häufig und kontinuierlich Fragen. Sie sind im ersten Fragealter, stellen vor allem Was-Fragen – »Is'n das?« – und Wo-Fragen. Gleichzeitig beginnen sie, Zwei-Wort-Sätze zu bilden, und verneinen erstmals.

Mit etwa drei Jahren kommen die Kinder ins zweite Fragealter. Zu den Was- und Wo-Fragen gesellen sich alle anderen W-Fragen, vor allem nach dem Warum und Wie. Offenbar sind die Kinder erpicht auf Informationen über die Welt, um sich in einen gemeinsamen Hintergrund einzuordnen. Implizit fordern sie uns auf, unsere Welt mit ihnen zu teilen. Sie wollen wissen, wie es wirklich ist (wie es ist) und warum, wie es richtig ist (wie es sein soll) und warum. Unsere Meinung ist relevant für sie.

Genauso definieren Philosophen die Fragen, mit denen sie arbeiten: Jemand fragt dann etwas, wenn er

- merkt, dass ihm eine Information fehlt oder sich eine Unstimmigkeit in seinem Weltbild ergeben hat;
- meint, dass er die Information braucht;
- denkt, dass ein anderer Mensch ihm die Information geben kann.

43 Tomasello/Farrar 1986; Akhtar/Dunham 1991; Tomasello 2006

FEUERWEHR
112

Was Sprache in kognitiver Hinsicht bewirkt

Der Spracherwerb auf der semantischen Ebene – also auf der Ebene, die beschreibt, wie Kinder Bedeutungsinhalte miteinander verknüpfen und zur Konstruktion von Sätzen vorstoßen, mit denen sie Behauptungen oder Wünsche formulieren – hat vier Phasen. Man geht davon aus, dass Kinder schon in der vorsprachlichen Phase imstande sind, Dialoge zu führen, also sprachlich eng mit einer zweiten Person zu kooperieren.

Selbstbewusstsein und deiktische Ausdrücke

Selbstbewusstsein haben nur Wesen, die sprechen können – und zwar nicht nur auf rudimentäre Art und Weise. Sie müssen Eigennamen, Personalpronomen und psychologische Prädikate in verschiedenen Zeitbezügen verwenden können. Wesen dieser Art können über die eigenen Handlungsmotive, Wünsche, Ziele und Veranlagungen nachdenken. Andere Wesen können das nicht. Das heißt: Selbstbewusstsein ist Sprachvermögen.

Ein Wesen, das nicht über dieses Vermögen verfügt, kann zwar fühlen und denken. Es kann allerdings keine Schlüsse ziehen, kann sein Verhalten vor sich oder anderen Wesen nicht rechtfertigen und sich auch nicht auf die eigenen Gefühle oder Einstellungen beziehen.

Personalpronomen spielen eine Schlüsselrolle: Erst wenn ein Wesen anderen Wesen zuschreiben kann, dass sie traurig, entsetzt, begeistert oder empört sind, ist es imstande, sich dies selbst zuzuerkennen. Kann es Zuschreibungen in der dritten Person vollziehen, dann kann es auch Zuschreibungen in der ersten Person vollziehen.

Deutlich vor den Personalpronomen benutzen Kinder bereits andere deiktische[44] Ausdrücke für die Bezugnahme im Raum: Zu den ersten zehn Wörtern, die Kinder in ihrem aktiven Wortsschatz haben, gehören die Worte »da« und »das« als Demonstrativa. Erkennen sie, dass »da« durch »hier« ersetzt werden kann, dann erkennen sie auch die Perspektivität in zweierlei Hinsicht: Was für mich »hier« ist, ist für dich »da«. Was vorhin »hier« war, ist jetzt »da«: Ich sehe, dass du von einem anderen Bezugspunkt aus über das gleiche Objekt berichten kannst. Und ich sehe, dass das Objekt für mich im einen Moment »hier« und im anderen Moment »da« ist, wenn ich mich bewege.

Benutzen wir deiktische Paarwörter, etablieren wir aus subjektiv lokalisierenden Ausdrücken ein intersubjektives (objektives) Raumzeitfeld, das uns das Raster bietet, Einzeldinge zu verorten. Und zwar – das ist das Entscheidende – unabhängig vom Hier und Jetzt.

Die vier Phasen des Spracherwerbs[45]

In der ersten Phase – im Alter von etwa zehn bis 18 Monaten – produzieren Babys Ein-Wort-Äußerungen[46], über deren Bedeutung es in der Forschung jedoch Kontroversen gibt. Die Kinder nutzen Nomina, Demonstrativa, Verben oder Verbpartikel und Adjektive. Sie können schon verneinen und nutzen bereits die Frageintonation. Ihre Äußerungen bezie-

44 Deiktisch: hinweisend, zeigend, durch Beispiele lehrend
45 Vgl. Klann-Delius, G. 2008
46 Holophrasen

hen sich auf folgende Inhalte oder Erfahrungen, die in allen Sprachen der Welt vorkommen.[47] Es geht um

- die Gegenwart, das Verschwinden und die Wiederkehr von Personen, Dingen oder Ereignissen: weg, tschüss, hallo, mehr;
- den Besitz und Tausch von Gegenständen: meins, auch, Mamas;
- den Ort und die Bewegung von Personen und Dingen: hier, da, hoch, weg, draußen, rauf, runter;
- Zustände und Zustandsveränderungen von Dingen und Personen: nass, heiß, auf, zu, fallen, an, aus;
- Aktivitäten von Personen: essen, malen, küssen, wollen, machen.

Diese Äußerungen gebrauchen die Kinder als Aufforderung (imperativ) und als Aussage oder Hinweis (deklarativ).

In der zweiten Phase – im Alter von etwa 18 bis 24 Monaten – beginnen die Kinder, Äußerungen zu produzieren, die mehr als eine Gliederungsebene haben. Sie bilden Zwei-Wort-Äußerungen, die in allen Kulturen ähnliche Relationen abbilden: Verbinde- oder Angelkonstruktionen. Dabei taucht ein stabiles Ereignis- oder Zustandswort und ein variables Mitspielerwort auf: mehr malen..., schneiden..., rennen..., kaputt.[48]

In der dritten Phase – im Alter von etwa 24 bis 48 Monaten – beginnen die Kinder, Mehr-Wort-Äußerungen zu bilden. In dieser Zeit verstehen sie die Struktur der Äußerung selbst als bedeutungsvoll. In Dialogen beziehen sie sich inhaltlich auf Äußerungen des Dialogpartners und wechseln mit zunehmendem Alter die Themen nicht mehr so oft. Sie bilden abstrakte Konstruktionen, die alle Bestandteile enthalten, die auch Erwachsene nutzen[49]:

- Imperative: Drück mich!
- Transitiva: Ernie küsst sie.
- Lokativa: Sie bringt das Buch mit.
- Identifizierende Wendungen: Sie ist meine Mama.
- Attributiva: Es ist hübsch.

In der vierten Phase – im Alter von etwa vier bis zwölf Jahren – fangen Kinder an zu erzählen und stellen explizit kausale, zeitliche und räumliche Beziehungen zwischen Ereignissen her, indem sie Nebensatzkonstruktionen verwenden. Sie erkennen den Sinn der »kleinen Wörter«[50] und lernen, sie zu gebrauchen: deshalb, weil, und, aber, da, jedoch, trotz. Sie erzählen in längeren Passagen und entwickeln in dieser Phase eine komplexe Syntax.

Vierjährige können bereits den Grad der Sicherheit ihrer Behauptung kennzeichnen.[51] Etwa ab dem sechsten Lebensjahr verstehen Kinder Mehrdeutigkeiten und Indirektheit. Sie haben Spaß an Sprachwitzen und Sprachspielen.

Man könnte sagen: Kinder lernen, aus globalen Großeinheiten[52], die viele Interpretationsmöglichkeiten erlauben, immer spezifischere Einheiten zu extrahieren, die immer weniger Interpretationsspielraum lassen. Der Spracherwerbsprozess ist also ein semantischer Gliederungsprozess. Seine Entwicklung führt nicht vom Einzelnen zum Allgemeinen, sondern vom Umfassenden zum Spezifischen. Einzelne Wörter oder Wortkombinationen sind Aussagen, also nicht »einfach einzelne Wörter«.

Beschreibungs-Fragen

In Bezug worauf lassen sich die Dinge, Ereignisse und Personen in unserer Welt jeweils unterscheiden? Natürlich gibt es viele unterschiedliche Hinsichten, die man nachdenkend thematisieren kann. Und bezüglich jeder Hinsicht gibt es eine Frage, mit der man den Aspekt, der aktuell von Interesse ist, ansteuern und einzelne Merkmale oder Relationen herausgreifen oder geradezu »aufspießen« kann.

47 Vgl. Tomasello, M. 2006, S. 176
48 Vgl. Tomasello, M. 2006, S. 180
49 Vgl. Tomasello, M. 2006, S. 181
50 Tomasello, M. 2006, S. 183
51 Klann-Delius 2008, S. 45
52 Holophrasen

Satzfragen und Ergänzungsfragen

Von Beginn an äußern Kinder Sätze und nicht einzelne Wörter.

Ein Satz muss nicht in jedem Fall syntaktisch gegliedert sein, sondern ist ein sprachliches Gebilde, mit dem ein Wahrheitsanspruch erhoben wird. Er setzt sich aus singulären Termini und einem generellen Terminus[53] zusammen. Darunter fallen auch Ein-Wort-Sätze[54], mit denen die meisten Kinder zu sprechen beginnen.

Einen Satz zu verstehen heißt: Wissen, wie festzustellen ist, dass er wahr ist.

Fragen sind keine Sätze dieser Art. In Fragesätzen bleibt etwas offen – es wird kein Wahrheitsanspruch erhoben.

Der Philosoph Gottlob Frege unterscheidet zwischen Satzfragen und Ergänzungsfragen.[55] Satzfragen sind das, was wir Entscheidungsfragen, geschlossene Fragen oder Ja-Nein-Fragen nennen.

In einer Satzfrage fragen wir nach der Wahrheit einer Aussage, also danach, ob ein Sachverhalt besteht oder nicht. Zur Disposition stehen nicht Teile der Aussage, sondern es geht ausschließlich um ihre Wahrheit. Gefragt wird, ob es sich so verhält oder nicht. Da niemand allwissend ist, wird also nach der Überzeugung des Gesprächspartners und den Gründen, die er für seine Überzeugung hat, gefragt. Der Gedanke, der im vollständigen Satz enthalten ist, ist darin schon ausgedrückt.

In Dialogen mit Kindern sind Satzfragen mitunter kontraproduktiv, weil der Gedanke bereits komplett produziert ist und reinen Nachvollzug fordert. Kinder

53 Subjekt und Prädikat aus semantischer Sicht
54 Holophrasen
55 Vgl. Frege, G. 1966, S. 30-54

antworten folglich meist mit Ja oder Nein, und ein weiteres Gespräch ergibt sich nicht, denn: Es war nicht ihr Gedanke, der zur Disposition stand.

Ergänzungsfragen sind etwas völlig anderes. In ihnen ist der Gedanke unvollständig, quasi ungesättigt, wie Gottlob Frege sagt. Er muss gesättigt werden. Es fehlt etwas.

Wie funktionieren Ergänzungsfragen? Singuläre prädikative Sätze sind die elementaren Einheiten der assertorischen Rede, also der Rede über die Dinge in der Welt. Ein einfacher vollständiger Satz ohne Nebensatz funktioniert wie eine mathematische Funktion: Ein Einzelding wird einer Operation unterzogen. Etwas Umfassenderes wird ihm zugeschrieben: eine Eigenschaft, eine Tätigkeit, eine Relation zu anderen Einzeldingen. Man könnte auch sagen: Ein Einzelding (singulärer Terminus) fällt in einen Begriff (genereller Terminus). Dadurch bestimmen wir die Gegenstände in unserer Umwelt genauer.

Aristotelische und Kantische Kategorien

Aristoteles hat als erster versucht zu erfassen, nach welchen Hinsichten wir Gegenstände[56] bestimmen können, aufgrund welcher Beschreibungshinsichten eine Frage gestellt werden kann. Er beschreibt zehn Gattungen von Zuordnungsmöglichkeiten:

- Was ist etwas?
- Wie viel, wie groß ist etwas?
- Wie beschaffen ist etwas?
- In welcher Beziehung steht etwas zu etwas?
- Wo ist etwas?
- Wann ist etwas?
- In welcher Position ist etwas?
- Was hat etwas?
- Was tut etwas?
- Was erleidet etwas?[57]

Von der Sammlung des Aristoteles distanziert sich Kant in der »Kritik der reinen Vernunft«: »Es war ein eines scharfsinnigen Mannes würdiger Anschlag des Aristoteles, diese Grundbegriffe aufzusuchen. Da er aber kein Principium hatte, so raffte er sie auf, wie sie ihm aufstießen, und trieb deren zuerst zehn auf, die er Kategorien (Prädikamente) nannte.«[58]

Kant seinerseits benennt zwölf Kategorien, die er in vier Ordnungen unterteilt. Er extrahiert die Kategorien aus Urteilen. Aus den Urteilsformen entwickelt er seine Aufteilung der Verstandesfunktionen, die er Kategorien nennt, Stammbegriffe des Verstandes:

- Qualität (Realität, Negation, Limitation),
- Quantität (Einheit, Vielheit, Allheit),
- Relation (Inhärenz und Subsistenz; Kausalität, Gemeinschaft),
- Modalität (Möglichkeit, Dasein, Notwendigkeit).

Kant meint, auf diese Weise sämtliche Verstandesfunktionen beschrieben zu haben, also das, wonach man fragen kann. Doch auch seine Einordnung ist umstritten.

Für unsere Zwecke ist die Erkenntnis relevant, dass ein Gedanke nach verschiedenen Seiten unvollständig sein kann. Natürlich enthält auch nicht jeder Gedanke Bestimmungen aller Kategorien.

Wenn man eine Ergänzungsfrage stellt, kann man nach dem singulären Terminus fragen, der die Einzelgegenstände identifiziert oder spezifiziert, auf den sich der in Rede stehende generelle Terminus (Prädikat) bezieht: Was ist alles grün? Welcher Gegenstand im Raum ist grün, dick und kann hopsen? Zu welchem Anlass gab es in diesem Jahr eine Torte mit Kerzen? Welche Person hat einen Namen, der mit E anfängt, ist mit uns bekannt und wohnt in Berlin? Hier sind das Schema und die Klassifizierung gegeben; der individuelle Terminus wird gesucht.

Man kann aber auch nach dem generellen Terminus fragen, unter den ein singulärer Terminus fällt – also nach den Klassifikationsmerkmalen, Eigenschaften und Relationen zu anderen singulären Termini, unter die ein singulärer Terminus fällt: Welche Farbe hat der Schal von Gesine? Wie sieht es hier aus? Woher kommt dieser Handschuh? Wie fühlt sich Katharinas Stein? Wozu brauchst du diesen Hammer? Wie feierst du morgen deinen Geburtstag?

56 Gemeint sind singuläre Termini
57 Vgl. Aristoteles 2004, S. 55
58 Kant, I., 1993, B 107, S. 119

Der Philosoph Ernst Tugendhat beschreibt drei Klassen von Prädikaten (sprachlich: genereller Terminus), die Einzelgegenständen (sprachlich: singulärer Terminus) aus je unterschiedlicher Perspektive zugesprochen werden können. Die Klassen unterscheiden sich dadurch, dass das Zutreffen des Prädikats auf je unterschiedliche Weise erkannt wird.

- Erstens gibt es Prädikate, bei denen durch Wahrnehmung erkannt wird, ob sie auf einen Gegenstand zutreffen – alle Eigenschaften eines Dinges und Relationen von Dingen untereinander, die man sieht, hört, riecht, also irgendwie spürt. Ein Beispiel: Welche Haarfarbe hat Peter?
- Zweitens gibt es Prädikate, die aufgrund kausaler und konventioneller Relationen auf einen Gegenstand zutreffen, aber nicht durch Wahrnehmung erkannt werden können. Wessen Sohn ist Peter? Brennt der vom Baum gefallene Ast, wenn man ihn ins Feuer wirft?
- Drittens gibt es Prädikate, die für Bewusstseinszustände stehen, für eigene Körperzustände und bewusste Handlungen. Das Zutreffen dieser Prädikate auf einen Gegenstand kann nicht von außen, wohl aber durch Beobachtung des Verhaltens[59] einer Person festgestellt werden. Wie fühlt Peter sich? Ist Peter traurig?

Welche-Fragen

Wie-, Was-, Woraus- und Wo-Fragen, die darauf zielen, einen singulären Terminus genauer zu bestimmen, sind als Welche-Fragen reformulierbar. Welche-Fragen haben den Vorteil, dass sie die Hinsicht, nach der in einer Frage um eine Bestimmung gebeten wird, deutlich benennen:

- Welche Größe hat der Regenwurm? Wie groß ist er?
- Welche Geschichte hat der Regenwurm? Was ist ihm passiert?
- Welche Gefühle hat der Regenwurm? Wie fühlt er sich?
- Welchen Geruch hat der Regenwurm? Wie riecht er?
- Welchen Aufbau hat der Regenwurm? Wie ist er aufgebaut?
- Welche Farbe hat der Regenwurm? Wie ist seine Farbe?
- Welche Konsistenz hat der Regenwurm? Wie fühlt er sich an?
- Aus welchem Stoff besteht der Regenwurm? Woraus ist er?
- Welche Handlungen führt der Regenwurm aus? Was tut er?
- Welche Träume hat der Regenwurm? Was träumt er?
- An welchem Ort lebt der Regenwurm? Wo lebt er?
- Welchen Mechanismen oder Gesetzen folgt die Verdauung des Regenwurms? Wie verdaut er?

Was-Fragen

Was-Fragen sind mehrdeutig.

Was ist schön? Was ist tapfer? Was ist gerecht? Diese Fragen stellte Sokrates in seinen frühen Dialogen. Schnell wurde deutlich, dass nicht klar war, wie die Frage »Was ist schön?« verstanden werden kann. Seine Mitdiskutanten nannten einfach Gegenstände, die sie schön fanden. Sie verstanden die Frage etwas so: Was ist alles schön?

Die Frage kann also als Bitte um die Aufzählung schöner Dinge verstanden werden: Berge, der Sonnenuntergang, Blumen, Bilder... Aber sie kann auch als Aufforderung zur Begriffsbestimmung, als Frage danach, was Schönheit ist, verstanden werden.

Besonders bei abstrakten Begriffen fällt diese Schwierigkeit auf. Diskutiert man mit Kindern im Kindergarten die Frage »Was ist ungerecht?«, kommen zunächst meist Erfahrungen zur Sprache: Die Kinder nennen Beispiele für ungerechte Behandlung. Diese Erfahrungsbasis kann genutzt werden, um die Diskussion der Frage nach dem Begriff der Ungerechtigkeit, nach den Kriterien für unsere eigene Begriffsverwendung zu eröffnen.

Bei konkreten Begriffen wie Regenwurm ist die Frage klarer: Was ist ein Regenwurm? Das kann als Frage nach der Gruppe, in die der Regenwurm fällt, gedacht sein. Mögliche Antwort: Der Regenwurm ist ein Tier, also keine Pflanze. Oder es fällt jemandem ein, auf einen Gegenstand in der Nähe zu zeigen, bei dem es sich um einen Regenwurm handeln könnte...
Je nachdem, welcher übergeordnete Begriff oder

59 Aufgrund von Beobachtung

welche Gruppe jeweils als Bezugsgruppe definiert wird, fällt die Antwort unterschiedlich aus: ein raumzeitlicher Gegenstand, ein gegliederter Wurm aus der Ordnung der Wenigborster.

Die Frage »Was ist ein Regenwurm?« ist also zunächst eine Frage nach einer übergeordneten Gruppe und sodann eine Frage nach Spezifikation. Gesucht werden Merkmale[60], die den Regenwurm so spezifizieren, dass er nicht mit anderen Tieren oder Dingen verwechselt werden kann. Dabei können alle aristotelischen Kategorien oder alle durch Welche-Fragen spezifizierten Hinsichten durchgespielt werden.

Durch die Diskussion von Beschreibungsfragen organisiert sich im Dialog jeweils eine Begriffsrestrukturierung oder eine Neustrukturierung. Darin sehen Entwicklungspsychologen den Prozess der kognitiven Entwicklung selbst. Begriffe werden nach immer neuen und anderen Hinsichten strukturiert. Doch diese anderen Kriterien, nach denen Begriffe und letztlich Einzelgegenstände geordnet werden, fallen nicht vom Himmel, sondern werden im sozialen Kontext interaktiv erarbeitet.

Warum-Fragen

Es sollte nicht heißen, Kinder sind wie Forscher, sondern Forscher sind wie Kinder. Denn: Kinder arbeiten sich durch die Neuigkeiten, Fremdheiten und Vertrautheiten der Welt. Sie wollen wissen, wie die Welt funktioniert. Das heißt, welche kausale Struktur der sichtbaren Welt zugrunde liegt. Dazu experimentieren sie permanent, ziehen Schlussfolgerungen aus den Daten, verfahren dabei unbewusst nach logischen und statistischen Gesetzen und fragen Menschen, die mehr Erfahrung haben. Nichts anderes tun Wissenschaftler.[61]

Warum-Fragen sind ein gutes Instrument, unkompliziert an die Kausalstruktur-Erfahrung anderer Menschen zu gelangen. Leider wissen wir noch nicht genug darüber, wie Kinder diese Fragen einsetzen. Doch einiges wissen wir schon:

Kinder fragen, um Weltwissen zu erwerben. Allerdings hört man immer wieder: »Kinder stellen ihre ewigen Warum-Fragen nur, um das Gespräch mit dem Dialogpartner aufrechtzuerhalten. Sie ahnen, dass sie, wenn sie nach dem Warum fragen, nicht so leicht abgespeist werden können wie bei Was- oder Wo-Fragen, weil es für die Erwachsenen komplizierter ist, darauf zu antworten.«

Es mag sein, dass Warum-Fragen auch eine soziale Funktion haben. Unbestreitbar ist aber, dass die Kinder von echtem Interesse an Erklärungen getrieben sind. Ihre Fragen sind für ihre kognitive Entwicklung relevant, und sie setzen Fragen gezielt ein, um ihre Weltkonzepte zu verändern. Michelle Chouinard hat das 2007 in einigen Studien eindrücklich belegt.[62] Sie arbeitet heraus, dass die meisten Fragen der Kinder tatsächlich »information-seeking« sind, also als Bitten um Information gedeutet werden müssen. Von diesen Informationsfragen sind etwa 15 Prozent Fragen nach Erklärungen, also Warum-Fragen.

Zwei- bis dreijährige Kinder fragen nach kausalen Zusammenhängen, fand Wellman bei der Analyse der Datenbank »CHILDES« heraus, die Alltagsgespräche mit Kindern speichert.[63] Und Alsion Gopnik, Kognitionsforscherin und Kinderpsychologin, geht davon aus, dass kleine Kinder »kognitive Karten« über Kausalzusammenhänge entwerfen, die wie Landkarten funktionieren. Diese Karten ermöglichen es ihnen, komplexe Kausalzusammenhänge zwischen Ereignissen zu beschreiben, Ursachen zu finden und mögliche Konsequenzen zu entwerfen.[64]

Warum-Fragen erscheinen, wenn die Kinder von der dritten zur vierten Spracherwerbsphase übergehen, also etwa dreieinhalb Jahre alt sind. Sie haben globale Äußerungen[65] hinter sich gelassen, können durch Mehr-Wort-Äußerungen alle zentralen Bestandteile einer Aussage extrahieren und sie separat benennen. Sie sind imstande, singuläre Termini und generelle

60 Eigenschaften, Relationen
61 Vgl. Gopnik, A. 2010
62 Chouinard, M. 2007
63 Siehe Gopnik, A. 2010, S. 112
64 Ebd. S. 118
65 Holophrasen und Zwei-Wort-Äußerungen

Termini zu verwenden: Ein Einzelgegenstand hat diese oder jene Eigenschaft, er ist in dieses oder jenes Geschehen involviert oder steht in einer bestimmten Relation zu einem anderen Gegenstand. In dieser Zeit kann man eine Art Warum-Fragen-Spitze bei vielen Kindern beobachten.

Voraussetzung: Der ganze Satz[66] muss verfügbar sein. Erst dann kann er in irgendeine Relation zu anderen Sätzen gebracht werden.

In dieser Zeit beginnt auch das Stadium der »kleinen Wörter«, der Konjunktionen – und damit das Geschichten-Erzählen; vorausgesetzt, Erwachsene sind da, die Sätze in bestimmter Weise miteinander verknüpfen, also erzählen, Erklärungen artikulieren und Gedankengänge hörbar nachvollziehen. Die Beschreibung von Ereignissen und die Beschreibung von Einzeldingen können in Geschichten nämlich auf unterschiedlichste Weise verbunden werden.

»Gabi hat das Glas kaputt gemacht, und Peter weint dann.« In diesem Beispiel werden zwei Sätze zueinander in eine zeitliche Reihenfolge gesetzt: Erst geschieht das eine, dann das andere. Man kann aber auch »rückwärts« nachvollziehen, also von hinten beginnen: »Peter weint, und davor hat Gabi das Glas kaputt gemacht.« Weiß man, dass beides nicht nur zeitlich zusammenhängt, ersetzt man »davor« durch »weil«. Vermutet man, dass die Sache eine Vorgeschichte hat, fragt man: Warum?

In verschiedenen natürlichen oder kulturellen Kontexten können verschiedene Vorgeschichten erzählt werden – je nachdem, welche Gesetze in den jeweiligen Bereichen von Bedeutung sind. Stellen Kinder Warum-Fragen, bestimmen die Erwachsenen, was sie antworten und welche Geschichten sie erzählen. Wenn Kinder beginnen, Warum-Fragen zu stellen, dann ist das genau der Zeitpunkt, zu dem sie anderen Menschen oder den Dingen erstmalig Überzeugungen und Weltsichten zuschreiben.

Wonach fragen Kinder? Das ist nicht immer klar, doch Warum-Fragen treten dann besonders häufig auf, wenn Fragen in Dialogen aufeinander aufbauen. Je länger ein Dialog ist und je mehr Fragen ein Kind stellt, desto mehr Warum-Fragen sind darunter.

Chouinard belegt, dass Kinder besonders viele Fragen stellen, wenn sie mit echten Dingen konfrontiert werden. Schauen sich Kinder beispielsweise Tierbilderbücher an, stellen sie weniger Fragen als bei einem Zoobesuch, also bei der Konfrontation mit echten Tieren.[67]

Wellman et. al.[68] untersuchten, welche Reaktionen Kinder auf unterschiedliche Antworttypen zeigen. Folgendes fanden sie heraus: Auf erklärende Antworten reagierten zwei- bis sechsjährige Kinder eher mit Zustimmung und weiterführenden Fragen. Auf nicht erklärende Antworten reagierten sie eher mit eigenen Erklärungen. Oder sie wiederholten eine Frage.

Warum-Fragen haben die Eigenschaft, kontrastiv zu sein. Wenn Kindern Phänomene begegnen, die sie (natürlich unbewusst) nicht in ihrer Kausalkarte verorten können, fragen sie oder geben sie ein »requestives Statement« ab, eine Äußerung der Verwunderung, die implizit nach Erklärung verlangt. Wenn in einem Bilderbuch ein Ziegenbock plötzlich Schuhe trägt, wo doch – das ist Marie, vier Jahre alt, klar – sonst Ziegenböcke nie Schuhe tragen, fragt Marie, warum der Ziegenbock Schuhe trägt.

Welche Erklärung verlangen Kinder? In Wellmans Studie[69] reagierten Kinder ähnlich – je nachdem, ob sie eine Kausalerklärung (Mechanismus-Ursache, vorangehende Ereignis-Ursache), eine Zweckerklärung (Ziel, Motiv) oder eine logische Erklärung (Begriffserklärung-Grund) bekamen. Das heißt, es wurden keine unterschiedlichen Grade an Befriedigung sichtbar, die Kinder durch unterschiedliche Erklärungen der Erwachsenen erlangten. Hätte es unterschiedliche Befriedigungsgrade gegeben, hätte man möglicherweise auf eine konkretere Frageintention schließen können, also darauf, was genau Kinder wissen wollen, wenn sie nach dem Warum fragen.

66 Ein Satz ist eine Einheit, die einen Sachverhalt oder ein Ereignis sprachlich abbildet.
67 Vgl. Gopnik, A. 2010
68 Frazier, B. N./Gelman, S. A./Wellman H. M. 2009, Volume 80, Nummer 6, S. 1592-1611
69 Ebd., S. 1600

Ursachen, Zwecke, Gründe und Motive

Wir fragen nach dem Warum, wenn etwas anders ist als gedacht oder als gewöhnlich, und staunen. Zum Staunen gehört, dass man vorher eine Vorstellung davon hatte, wie etwas eigentlich sein müsste, die Abweichung davon registriert, aber den Grund dafür nicht kennt.

Wir können zwei Arten von Staunen unterscheiden. Zum einen mag uns der Grund für ein Einzelereignis unklar sein. Um ein Beispiel von Piaget aufzugreifen: Klar ist, dass alle Kühe Milch geben. Kuh Elsa gibt keine Milch, hat Peter erzählt. Was ist da los? Was führt zu dieser Abweichung? Warum gibt Elsa keine Milch?

Als Antwort erzählen wir eine Geschichte, die klarmacht, warum die Kuh Elsa keine Milch gibt. Wir nennen die Ursache.

Oder wir akzeptieren als Antwort eine Zuordnungsregel, die besagt, dass die Kuh Elsa zu einer Gruppe von Kühen gehört, die von Natur aus keine Milch geben, also zu einer Gruppe, die noch nie gekalbt hat. In diesem Fall würden wir eine begriffliche Einordnung vornehmen und einen Grund nennen.

Vielleicht sagen wir auch, dass Elsa keine Milch gibt, weil sie krank oder traurig ist. Wir geben einen Körperzustand oder ein Gefühl als Motiv an – wenngleich wir das prinzipiell eher bei Menschen als bei Tieren tun.

Wir staunen aber auch, dass etwas genauso ist, wie es ist, wenn wir nicht wissen, warum es so ist: Wie geht es eigentlich, dass Kühe Milch geben?

Wenn wir antworten, dass Kühe Milch geben, weil sie Säugetiere sind, nehmen wir wieder eine begriffliche Einordnung vor und nennen einen Grund. Sagen wir, dass Kühe Milch geben, weil sie ein Euter haben, in dem Milchdrüsen sind, die bewirken, dass Milch produziert wird, wenn die Kuh ein Kälbchen bekommen hat, dann geben wir eine kausale Erklärung und beschreiben einen Mechanismus, nennen also mehrere Ursachen, die miteinander verbunden sind. Behaupten wir, dass Kühe Milch geben, weil wir die Milch brauchen, nennen wir einen Zweck.

Man könnte also sagen: Warum-Fragen – egal ob sie Abweichungen vom Selbstverständlichen oder das Selbstverständliche erklären – können Fragen nach Folgendem sein:

- nach der Ursache eines Ereignisses, also nach dem verursachenden Ereignis oder mehreren verursachenden Ereignissen (Mechanismen), nach Dispositionen;

- nach dem Grund, also der begrifflichen Einordnung des Sachverhalts;
- nach dem Zweck, dem Ziel oder der Intention einer Handlung oder eines Ereignisses;
- nach dem Handlungsmotiv.

Eine Warum-Frage – selbst wenn man sie kausal interpretiert – muss nicht beantwortet sein, wenn der Befragte das verursachende Ereignis angibt. Man kann nämlich immer wieder nachfragen, denn das als Erklärung angeführte Ereignis (oder ein Ereignis-Mechanismus) muss ebenfalls erklärt werden. Also wird die Antwort zum Gegenstand der Frage. Ein Beispiel:

- Warum gibt die Kuh Elsa keine Milch? Weil sie gestürzt ist (Ursache).
- Warum ist sie gestürzt? Weil sie den Berg zu schnell hinuntergelaufen ist (Ursache).
- Warum ist sie den Berg zu schnell hinuntergelaufen? Weil sie zu den anderen Kühen wollte (Motiv).
- Warum wollte sie zu den anderen Kühen? Weil sie nicht allein sein wollte (Motiv).
- Warum wollte sie nicht allein sein? Wenn Kühe allein sind, haben sie Angst, genau wie wir (Grund).
- Warum haben Kühe...

Man könnte jetzt sagen, dass es sich strenggenommen um eine andere Frage handelt. Aber das stimmt nicht. Die Antwort »Wenn Kühe allein sind, haben sie Angst« kann nämlich zusammen mit der Ausgangsbedingung »Elsa hatte Angst« eine Ursache dafür sein, dass Elsa keine Milch gibt.

Zeitgenössische Wissenschaftler interpretieren ein Phänomen als kausal/ursächlich erklärt, wenn wir das verursachende Ereignis und das Gesetz kennen, auf dessen Geltung es beruht.

Auch begriffliche Warum-Fragen können als erklärt gelten, wenn die Zuordnung und das begriffliche Gesetz, auf dem diese Zuordnung beruht, deutlich gemacht wurden. Folgender Dialog belegt das:

Frauke: Warum ist unsere Hündin so dick und rund?
Wido: Weil sie nur frisst. Sie will gar nichts anderes tun. Und wenn man die ganze Zeit nur frisst, wird man dick und rund.

Wido, vier Jahre alt, gibt ein verursachendes Ereignis und das Gesetz an, das gilt. (Immer wenn, dann...) Man könnte sagen, dass wir mit Warum-Fragen am Ende stets auf Gesetze oder Regeln stoßen, die der jeweiligen Erklärung (ob kausal oder begrifflich) erst die Basis geben.

Schon kleinen Kindern ist klar, dass Zweck- und Motiverklärungen vornehmlich Erklärungsmuster sind, die wir auf belebte, selbstbewegte Objekt beziehen, auf Menschen und Tiere, und zwar auf folgende Weise:

- Erstens fragen wir uns, welche Motivation Handlungsziel oder -zweck ist.
- Zweitens fragen wir uns, wie diese Motivation kausal (lebensgeschichtlich) entstehen konnte.

In einer Zeit, in der der therapeutische Diskurs unser kulturelles und emotionales Leben dominiert[70], in der neurophysiologische Grundlagenforschungen und Wissen über genetische Anlagen unserer Selbstinterpretation zur Verfügung stehen, werden Warum-Fragen, die sich auf menschliche Handlungen beziehen, auf beide Weisen deutbar:

- Erstens: Warum geht das Kind hinaus? Welche Intention verfolgt es, welches Ziel hat es, welches Motiv (Handlungsgrund)? Antwort: Das Kind will die Stalltür schließen.
- Zweitens: Warum geht das Kind hinaus? Welches sind die Ursachen dafür, dass sich das Kind diesen Zweck setzt? Von welchen inneren Einstellungen oder Gefühlen mag es sich veranlasst sehen, hinauszugehen? Hat es diese inneren Einstellungen oder Gefühle überhaupt? Mögliche Antworten: Elternhaus, Kindheit oder Vererbung haben bestimmte Handlungsmuster verursacht. Auf dieser Ebene werden die der Person in der Regel unbewussten, also willensunabhängigen und vom erlebten Gefühl unabhängigen »Verhaltens«-Ursachen von außen oder reflexiv erfragt.

Der schlechte Ruf

Warum-Fragen haben in pädagogischen Zusammenhängen oft einen schlechten Ruf, der nur zum Teil aus ihrer Mehrdeutigkeit resultiert. Vielmehr ist er

70 Illouz, E. 2009

der Wahrnehmung geschuldet, dass Erwachsene in der Interaktion mit Kindern Warum-Fragen häufig in Kontexten stellen, in denen sie das Motiv für Handlungen der Kinder ergründen wollen.

Ein Beispiel: Elli hat den Fußball versehentlich durch das Fenster der Kita geschossen. Nun will die Erzieherin von Elli wissen, warum sie das gemacht hat. Diese Frage zu beantworten ist für Elli nicht etwa deshalb so schwer, weil ihre kognitiven Fähigkeiten und ihre Reflexionskompetenz weniger ausgebildet wären als die von Erwachsenen. Es ist generell schwer, das multikausale Geschehen der Urheberschaft von eigenen Handlungen zu ergründen.

Gerade im Zeitalter der psychoanalytischen Aufgeklärtheit sind wir es gewöhnt, Aspekte der Lebensgeschichte, des Selbstwertgefühls und ein paar Grundmuster zusammenzulesen und vielfältig zu deuten. Das kann Jahre dauern, und das Ergebnis ist ungewiss.

Warum-Fragen in Bezug auf Motivationen können den Befragten also leicht überfordern: »Ich weiß nicht, warum, obwohl ich es eigentlich wissen sollte.« Hinzu kommt, dass Warum-Fragen dieser Art auf das Gefühl der Überforderung, der Machtlosigkeit setzen und rhetorischen Charakter tragen. Die Frage »Warum hast du das getan?« zielt nicht darauf, die Motive zu verstehen, sondern enthält den Vorwurf: »Das hättest du nicht tun dürfen! Wie konntest du nur…«

Trotzdem sollte man nicht auf Warum-Fragen verzichten, vor allem nicht in Kontexten, in denen nicht die eigene Handlung zur Interpretation ansteht.

Um den Vorwurfscharakter zu entschärfen, kann man speziell bei diesen Fragen »Was meinst du?« oder »Was denkst du?« anfügen. Oder man staunt vielleicht wirklich mal…

Was wäre, wenn…? Kontrafaktisches Denken

Was wäre, wenn morgen früh die Sonne nicht aufginge? Was wäre, wenn unser Leben unendlich lang wäre? Was wäre, wenn alle Menschen zur gleichen Zeit hüpfen würden?

Manche Leute finden es sinnlos, hypothetische Fragen zu stellen und über Dinge zu spekulieren, von denen wir nicht wissen, ob sie wahr sind, sondern nur vermuten, dass sie Wirklichkeit werden könnten oder nicht einmal das. Spekulieren klingt nach Spinnen, sagen manche Erzieherinnen, und Spinnen ist überflüssig und unprofessionell.

In einer Fortbildung erzählte eine Kollegin, dass sie mit ihrem Sohn zu Hause alles Mögliche ausspinnen würde, aber nicht mit den Kindern in der Kita, denn dort käme es ja darauf an, Wissen zu vermitteln, also nicht zu »spinnen«. Das ist falsch.

Deshalb im Folgenden ein paar Gedanken zur Verteidigung der reinen Spekulation. Nur weil wir in der Lage sind, uns alternative Versionen der Welt auszudenken, können wir auf sie, die Welt, einwirken und eingreifen, um sie in die eine oder andere Richtung zu lenken. Kontrafaktisches Denken, also Nachdenken über Sachverhalte, von denen wir wissen, dass sie nicht wirklich sind, lässt uns neue Pläne ersinnen, neues Werkzeug erfinden und neue Umwelten erschaffen.

»Menschen befassen sich unablässig mit der Frage, was wohl geschähe, wenn sie eine Nuss knacken, einen Korb flechten oder neue politische Entscheidungen treffen würden, und die Summe all dieser Visionen ist eine veränderte Welt«[71], schreibt die Kinderpsychologin und Kognitionsforscherin Alison Gopnik.

Kinder und mögliche Welten

Bereits bevor sie sprechen können, sind Babys imstande, Schlussfolgerungen über etwas, das noch nicht geschehen ist, zu ziehen. Sie haben sogar die Fähigkeit, zu planen. Zwei- bis dreijährige Kinder können problemlos in möglichen Welten navigieren[72], wenn ihnen die Inhalte bekannt sind. Sie können über alternative Szenarien der Vergangenheit und der Zukunft spekulieren: Was wäre gewesen, wenn…

Vor allem beim Rollenspiel denken Kinder kontrafaktisch. Beständig tun sie so, als ob… Sie können sich vorstellen, das Stück Holz, mit dem sie spielen, ist ein Auto. Fällt ein Kuscheltier herunter, trösten

71 Gopnik, A. 2010, S. 98
72 Vgl. Harris, P. 2000

sie es, obwohl sie genau wissen, dass es nichts spüren kann. Sie stellen sich vor, wie es wäre, wenn das Kuscheltier fühlen könnte.

Die Fähigkeit, über das Mögliche zu reden, entwickelt sich bei Kindern nicht etwa später als die Fähigkeit, über das Wirkliche zu reden. Beide Fähigkeiten entwickeln sich zur gleichen Zeit und hängen eng mit der Fähigkeit zusammen, Nein zu sagen.[73]

Über das Mögliche zu reden unterstützt die Fantasie, und mit drei Jahren verbringen Kinder den größten Teil ihrer bewusst erlebten Zeit in möglichen Welten: als Prinzessinnen, Saurier oder Polizisten... Das ist kein Zeichen dafür, dass sie kognitiv noch nicht besonders fit sind. Im Gegenteil: Sie wissen sehr genau zwischen Fiktion und Wirklichkeit zu unterscheiden. Man erkennt das an besonderen Wörtern, die die Kinder einsetzen, um das So tun, als ob-Spiel, das symbolische Spiel, anzuzeigen: »Du bist jetzt mal...« Man erkennt es auch daran, dass sie Spiel-Tee nicht wirklich trinken. Das heißt aber nicht, dass ihre Emotionen gegenüber unechten Gruseltieren unechte Emotionen wären. Vor fiktiven Gestalten können sie sich sehr fürchten oder sie innig lieben. Das ist bei uns Erwachsenen übrigens nicht anders. Wir haben unsere Gefühle nur stärker unter Kontrolle.

Was wäre, wenn...?

Was wäre, wenn-Fragen sind eng mit Warum-Fragen verknüpft. Anders gesagt: Unser kontrafaktisches Denken hängt stark mit unserem kausalen Denken zusammen. Genauer: Kontrafaktisches Denken macht aus dem Denken, dass eins auf das andere zeitlich folgt, erst kausales Denken.[74]

Denn man könnte die Tatsache, dass ein Ereignis A die Ursache für ein anderes Ereignis ist, auch so formulieren, wenn das Ereignis A nicht eingetreten wäre, wäre auch das Ereignis B nicht eingtreten.

73 Gopnik, A. 2010, S. 104
74 Lewis, D. 1986

In unseren Spekulationen darüber, wie es wäre, wenn es anders wäre, als es ist, verfahren wir so, dass wir eine aus unserer Perspektive nicht reale Prämisse setzen, um dann zu testen, was für alle anderen möglichen Tatsachen folgt – nach logischen Kriterien oder anderen Regeln, die wir für gültig halten. Auch das So tun, als ob-Spiel der Kinder ist so organisiert: Bestimmte Prämissen werden gesetzt und dann nach bekannten Regeln durchexerziert, zum Beispiel im Mutter-Vater-Kind-Spiel. Allerdings müssen die Regeln eingehalten werden; da sind die Kinder streng.

Man muss also die Regeln kennen, nach denen das in eine fiktive Welt Projizierte funktionieren soll, damit man spekulieren kann. Oder man lernt die Regeln, nach denen die Welt funktioniert, durch gemeinsames Spekulieren kennen.

Jedenfalls hängt das Wissen darüber, wie die Welt kausal strukturiert ist, eng mit der Fähigkeit zusammen, sich alternative Möglichkeiten vorzustellen. Allerdings setzen Warum-Fragen voraus, dass der Sachverhalt, nach dessen Ursachen, Gründen, Motiven oder Zwecken gefragt wird, tatsächlich besteht. Mit den Warum-Fragen zielen wir – außer im Falle der Zweckinterpretation – darauf ab, die Vorgeschichte zu erfahren.

Was wäre, wenn-Fragen setzen explizit den Fall, dass sich etwas anders verhält, als es in Wirklichkeit ist – jedenfalls der Meinung des Fragenden nach. Gefragt wird nach den Konsequenzen, nach der Geschichte, die folgt.

Beide Fragen zielen auf Regeln, Gesetze und im Speziellen auf die kausale Struktur der Wirklichkeit. Wir erfragen die Folgen eines fiktiven Sachverhalts unter Beibehaltung derjenigen Gesetze, die wir schon kennen. Das ist anspruchsvoll und ein wesentlicher Denkschachzug.

Planen und Forschen

Wir brauchen Was wäre, wenn-Fragen zum Beispiel, um Folgen möglicher oder künftiger Handlungen abzuschätzen.

Es ist das hypothetische Denken, das unseren Möglichkeitssinn ausmacht. Dieser Sinn gestattet uns, die Dinge von einer anderen Seite zu sehen, zu erkennen, wie es anders sein könnte – vielleicht besser oder auch schlechter –, und planen zu lernen. Dazu müssen wir nämlich ein Ziel vor dem inneren Auge haben, und zwar so genau, dass wir gedanklich Schritt für Schritt erarbeiten können, wie es zu erreichen ist.

Übrigens ist das Spekulieren in Form der Hypothesenbildung die beste Möglichkeit, Kinder mit naturwissenschaftlichen Denkweisen vertraut zu machen: Was wäre, wenn der Holzturm immer höher gebaut werden würde?

Viele Erklärungen funktionieren so: Wenn der Holzturm immer höher wird, dann fällt er um. Mit dieser hypothetischen Wenn-dann-Aussage wird ein Gesetz ausgedrückt. Das geschieht in allen Wenn-dann-Aussagen – egal, ob wir davon überzeugt sind, dass das, was im Wenn-dann-Satz ausgedrückt wird, stimmt oder nicht.

Philip Cam, ein australischer Philosophiedidaktiker, plädiert dafür, Kinder unbedingt zu ermutigen, solche hypothetischen Fragen zu stellen: »Wie Sie sicher wissen, lehnen Menschen mitunter Fragen mit der Begründung ab, sie seien ›rein hypothetisch‹. Aber jeder, der einmal gesehen hat, wie ein Politiker aus diesem Grund einer Frage ausweicht, weiß, dass hypothetische Fragen von außerordentlicher Bedeutung sind.«[75]

---

75 Cam, Ph. 1996, S. 122

Fly to me...

Dialoge mit Kindern

Lilian Fried und Eva Briedigkeit benennen in ihrem Buch »Sprachförderkompetenz«[76] Qualitätsdimensionen der Interaktion mit Kindern. Sie unterscheiden vier Dimensionen – Organisation, Beziehung, adaptive Unterstützung, sprachlich-kognitive Herausforderung – und beschreiben sie.

Unter der Qualitätsdimension Organisation verstehen die Autorinnen die Planung des pädagogischen Alltags im Hinblick darauf, welche Kinder zusätzliche Sprachförderung benötigen. Mit der Dimension Beziehung beschreiben sie die Fähigkeit der Erzieherinnen, respektvolle Nähe zu den Kindern aufzubauen, empathisch zuzuhören, ihre Mimik und Gestik auf den Inhalt dessen abzustimmen, was die Kinder ausdrücken. Adaptive Herausforderung meint die Sensitivität der Erzieherin, mit der sie die Signale der Kinder spürt und ihnen dies vermittelt, sowie die Fähigkeit, Verständnis zu sichern und Handlungen zu verbalisieren. Sprachlich-kognitive Herausforderung beschreibt die Kompetenz, grammatisch komplex zu formulieren, einen umfangreichen Wortschatz zu nutzen, offene Fragen zu stellen, Themen zu benennen, zu verbinden und zu hinterfragen.

Einige dieser Dimensionen liegen den folgenden Regeln des Dialogs zugrunde. Es sind wenige Regeln, was es erleichtert, sie zu befolgen.

Das Äußerliche

- Begeben Sie sich auf die Augenhöhe des Kindes, das mit Ihnen oder mit dem Sie sprechen möchten, wann immer es möglich ist.
- Suchen Sie Blickkontakt mit dem Kind.

Das Innerliche

Gefühl

- Signalisieren Sie dem Kind mittels Mimik, Gestik und verbal Ihr Interesse an dem, was es sagt. Lächeln und nicken Sie ermutigend.
- Tun Sie nicht so, als würde Sie etwas interessieren, das Sie in Wahrheit nicht interessiert.
- Wenn Sie keine Zeit zum Gespräch haben, sagen Sie das offen und begründen Sie es.
- Spiegeln Sie wider, was Sie verstanden haben, und fragen Sie nach, wenn Sie etwas nicht verstanden haben. Bitten Sie um Erläuterung.

Verstand

- Sprechen Sie deutlich und in vollständigen Sätzen.
- Nutzen Sie viele verschiedene Wörter.
- Erklären Sie die Wörter, von denen Sie annehmen, dass das Kind sie noch nicht kennt. Vermeiden Sie solche Wörter nicht.
- Fragen Sie viel. Stellen Sie offene Fragen: Wie...? Wo...? Wozu...? Warum...?
- Machen Sie Gedankenexperimente, zum Beispiel: Was wäre eigentlich, wenn jetzt ein Zauberer käme und uns alle in Löwen verwandeln würde?
- Beziehen Sie sich in Gesprächen auf Ereignisse, von denen Sie wissen, dass das Kind sie erlebt hat. Beziehen Sie sich auf den gemeinsamen Hintergrund.
- Geben Sie Gegenbeispiele (Kontrapositionen) aus Ihrem alltäglichen Erleben.

---

76 Fried, L./Briedigkeit, E. 2008

Worüber sprechen wir ?

Wir fragen uns, warum Dinge so sind, wie sie sind.
Wir spekulieren, wie es wäre, wenn es anders wäre.

Wir werten den Tag aus und berichten, wie es uns ergangen ist.
Wir beschreiben, was wir erlebt haben und wie wir uns gefühlt haben.

Wir organisieren die alltäglichen Abläufe und besprechen, wer was zu tun hat.

Drei Dialogtypen

Wir können Sprache zu vielerlei Zwecken nutzen. Für unsere Zwecke lassen sich drei Dialogtypen unterscheiden.

Einen Typ, den Planungsdialog für Alltagsroutinen, kennen wir alle. In jeder Familie, sobald sie am Abendbrottisch sitzt, finden solche handlungsbezogenen Gespräche statt: Was ist morgen – also nicht irgendwann – zu tun? Wer muss wann wo sein? Wer hat den Schlüssel und ist zur richtigen Zeit am richtigen Ort? Wer besorgt bei welcher Gelegenheit die Dinge, die wir brauchen? Wer muss verständigt werden? Wer braucht wessen Unterstützung?

Jeder hat etwas zu tun, und in der Familie wird ausgehandelt, in welcher Reihenfolge welches Familienmitglied was tut. Sobald die üblichen Routinen greifen, sinkt der Gesprächsbedarf, weil jeder in seiner Spur ist...

Handlungsvorbereitende Planungsdialoge im Aufforderungsduktus führen übrigens auch Primaten, möglicherweise sogar Bienen und Ameisen.

Den nächsten Dialogtyp kennen wir auch: Wir berichten, was wir erlebten, was andere Menschen erzählten, wie es uns erging, und wir erklären, was wir erwarten. Wir beschreiben Situationen, andere Menschen, uns selbst und unsere Gefühle. Wir erinnern uns daran, wer was getan hat, und wir werten: Was war gut, was war nicht gut? Wer war fair, wer nicht?

Beschreibung und Wertung sind in der Regel eng verflochten. Wir können sagen, dass dieser Typ, der Deskriptiv-normativ-Mix-Dialog, nicht direkt mit einer bevorstehenden Handlung zu tun hat, die ausgeführt werden soll. Er ist, wie der deutsche Philosoph Habermas in vergleichbarem Zusammenhang sagt, »handlungsentlastet«.

Der dritte Dialogtyp ist ebenfalls handlungsentlastet. Er enthält Elemente des deskriptiven wie des normativen Typs und geht darüber hinaus. In diesem Dialog versuchen wir zu interpretieren, warum die Dinge so liegen, wie sie liegen. Wir versuchen herauszufinden, wie es wäre, wenn sie anders lägen, als sie es tatsächlich tun. Und wir versuchen zu verstehen, was wir eigentlich selbst meinen oder wollen, wenn wir bestimmte Dinge sagen oder tun (Reflexion).

Diesen Dialogtyp kann man in Anlehnung an eine Unterscheidung, die der deutsche Philosoph Herbert Schnädelbach 1976 traf, explikativen Dialog nennen. Indem wir uns in diesem Dialog bewegen, versuchen wir zu verstehen, was in der Welt, mit anderen Menschen und mit uns selbst eigentlich passiert. Zu verstehen, was passiert, heißt dabei nichts anderes, als zu verstehen, warum es passiert, was die Gründe dafür sind. Nach Gründen zu fragen, das heißt: nachdenken.

Um die letzten beiden, vor allem aber um den letzten Dialogtyp wird es in der Folge gehen. Diese Art des handlungsentlasteten Sprachspiels zu kennen, Übung darin zu haben, das ist für die Teilhabe in unserer Gesellschaft ungemein wichtig. Doch Alltagsroutinen hindern viele von uns daran, dieses Spiel regelmäßig zu üben. Wir sind von den nächsten Zielsetzungen und Zwecken stets so in Anspruch genommen, dass ein Blick auf die Gründe und andere Möglichkeiten, der nicht im nächsten Moment auf irgendeine Weise zu einer Handlung führt, uns als überflüssig oder zeitraubend erscheint. Auf lange Sicht ist das fatal, denn: Nur wenn wir das explikative Sprachspiel spielen, denken wir nach. Und Nachdenken regt kognitiv an. Man könnte sagen: Nachdenken regt Nachdenken an. Suchen wir den Dialog mit anderen Menschen, dann denken wir gemeinsam nach.

Der kognitiv anregende Dialog: gemeinsam denken

In der Elementarpädagogik gibt es seit der EPPE-Studie[77] zu den Auswirkungen vorschulischer Einrichtungen, die in England von 1997 bis 2003 erarbeitet wurde, einen neuen Begriff: sustained shared thinking. Übersetzt: nachhaltig geteiltes Denken.

Denken teilen? Das klingt im Deutschen zumindest merkwürdig. Besser verständlich ist vielleicht: gemeinsam denken.

Ein wichtiger gedanklicher Aspekt verschwindet allerdings bei der Übersetzung. Nämlich der, dass man einen gedanklichen Raum im Wortsinn teilen, sich also auf dieselben Denkinhalte beziehen und nicht nur gemeinsam etwas tun kann. Sich die Idee eines geteilten Denkraums vor Augen zu führen ist deshalb so wichtig, weil menschliche Gehirne streng genommen nur in der Mehrzahl existieren, also nicht einzeln und voneinander unabhängig. Durch Nachdenk-Dialoge können wir »Mind meetings«[78] verwirklichen, und diese meetings entwickeln unsere Kognition.

Was ist sustained shared thinking? Die Dortmunder Pädagogin Anke König erklärt es so: »Man spricht von sustained shared thinking, wenn zwei oder mehr Individuen zusammen einen gedanklichen Weg einschlagen, um ein Problem zu lösen, ein Konzept zu konkretisieren, eine Aktivität zu bewerten, eine Geschichte weiterzuerzählen… Beide Parteien müssen zu diesem Denkprozess beitragen und das jeweilige Verständnis über ein Problem oder einen Sachverhalt entwickeln und erweitern.«[79]

Das heißt in unserem Zusammenhang: Die Erzieherin regt durch sustained shared thinking zum Denken an, dominiert das Gespräch, das Ergebnis aber nicht. Der Interaktionsprozess ist wechselseitig – beide Gesprächsteilnehmer tragen zwar zum gedanklichen Geschehen bei, allerdings nicht symmetrisch, nicht auf einer Ebene wie beispielsweise in der Interaktion zwischen Gleichaltrigen. Im Interaktionsprozess wird gemeinsames Denken nicht behindert, denn man kann Gedanken auch teilen, wenn man unterschiedliche Fragemotivationen hat. Gerade dies macht das sustained shared thinking für pädagogische Handlungen so interessant.

Die EPPE-Studie belegt, dass man in den besten und effektivsten Vorschuleinrichtungen vor allem eins beobachten konnte: Es fanden viele geteilte Denkprozesse dialogischer Natur zwischen Kind und Erwachsenem statt. Die Autoren der Studie gehen sogar so weit, diese Denkprozesse als notwendige Voraussetzungen für effektive Früherziehung zu

77 Sylva, K. u. a. 2004
78 Ein Zusammentreffen von Gehirnen
79 Sylva, K. u. a. 2004, S. 154

bezeichnen, und verweisen darauf, dass pädagogisches Handeln dann effektiv ist, wenn die kindinitiierte Interaktion unterstützt wird.

Laut dieser Studie zeigte sich in einigen mittelschichtorientierten privaten Einrichtungen, dass die Eltern vieler Kinder auch zu Hause Wert auf gemeinsam geteilte Denkprozesse legen. Geschlussfolgert wird, dass Teams von Einrichtungen mit größerer Anzahl sozial bildungsbenachteiligter Familien, in denen solche Denkepisoden nicht zum Alltag gehören, besondere Verantwortung dafür tragen, nicht nur die Kinder in kognitiv anregende Dialoge zu verwickeln, sondern auch die Eltern dabei zu unterstützen, zu Hause ein kognitiv anregendes Lernumfeld für ihre Kinder zu gestalten. Doch wie funktioniert sustained shared thinking?

Sokratische Dialoge in der Kita

Die Grundform eines explikativen Dialogs ist das sokratische Gespräch.

Sokrates[80] verstand sich als Hebamme der Gedanken anderer Menschen. Übrigens verfasste er selbst keinen einzigen Text – die berühmten Dialoge zeichnete sein Schüler Platon auf –, sondern er verwickelte junge Menschen auf dem Athener Marktplatz in Gespräche, bezog sich auf die Objekte ihrer Aufmerksamkeit und dachte über ihre Fragen nach. Er half ihnen, Begriffe zu klären, die für sie fragwürdig waren, und leitete dadurch Denkprozesse bei seinen Gesprächspartnern ein, die häufig in der Erkenntnis endeten, dass sie ihre Theorien einer Revision unterziehen mussten. Man konnte also zu Sokrates gehen, um seinen eigenen Gedankendschungel zu lichten. Objekt des gemeinsamen Nachdenkens und Klärens waren nicht fremde, sondern die eigenen Gedanken. Orientierungsgröße war dabei immer, »wie es wirklich ist« und »wie es sein könnte«.

Dieses an Wahrheit und Selbstdenken orientierte Vorgehen musste natürlich provozieren: Sokrates wurde wegen verderblichen Einflusses auf die Jugend zum Tode verurteilt und musste den Schierlingsbecher leeren.

Sokratische Dialoge sind die Dialogform, die für den Schulunterricht – besonders für Philosophiestunden – methodisch gut ausgearbeitet ist. Die von Platon aufgezeichneten Gespräche können als Modelle der dialogischen Konzept-Restrukturierung gelten. Weniger lohnend an ihnen erscheint allerdings, dass Sokrates häufig geschlossene Fragen benutzte, Satzfragen stellte, in denen der Gedanke schon komplett ausformuliert war, und seinen Gesprächspartner nur noch den offen gelassenen Wahrheitswert ergänzen ließ, der obendrein nur formal offen blieb. Sokrates stellte also – und das wurde häufig kritisiert – rhetorische Fragen.

In der klassischen Form der didaktisch aufbereiteten sokratischen Dialoge wurde die Rolle des Gesprächsleiters daher umgedacht:

- Der Gesprächsleiter hat sich, anders als Sokrates, auf der Sachebene zurückzuhalten, soll die Frage festhalten und einen Konsens anstreben.
- Die Themenwahl wird in der Gruppe entwickelt; Ausgangspunkt ist die eigene Erfahrung.
- Der Sachdialog ist vom Dialog über den Dialog (Metadialog) streng zu trennen.

In der Praxis weicht man allerdings von diesem Regelkanon häufig ab, vor allem, wenn es um die Einmischung des Gesprächsleiters geht. Hierbei sind viele Möglichkeiten nutzbar – vom rhetorischen Fragen mittels Satzfragen bis zu kompletter Abstinenz. Darüber hinaus kann der Gesprächsleiter sich sehr wohl einmischen, wenn das Gespräch in thematische Sackgassen gerät oder nicht der Konsens, sondern ein »reflektierter Dissens« angestrebt wird.[81]

Was davon ist kita-tauglich? Wir wissen, dass Kinder früh Lebensfragen stellen – nach dem Tod, nach Gerechtigkeit, nach Glück – und danach fragen, was echt ist und was nicht. Diese Fragen lassen sich thematisch den vier berühmten Grundfragen des Menschen zuordnen, die Immanuel Kant formulierte:

- Ethik: Was soll ich tun?
- Erkenntnistheorie: Was kann ich wissen?
- Metaphysik: Was darf ich hoffen?
- Anthropologie: Was ist der Mensch?

80 470 bis 399 vor Chr.
81 Birnbacher/Rohbeck 2010

Diese Fragen, wenn auch in andere Worte gekleidet, gehören zu den regelmäßig in der Kita auftauchenden Themen im Gespräch der Kinder mit Erwachsenen und untereinander. Offenkundig haben die Kinder spätestens ab einem Alter von etwa vier Jahren das Bedürfnis, darüber nachzudenken. Aber lassen sich schon Diskurse mit ihnen führen, in denen Argumente ausgetauscht werden und diskursiv Konsens angestrebt wird?

Noch einmal: Was können Kita-Kinder schon?

Viele entwicklungspsychologische Einführungsbücher beziehen sich nach wie vor auf Jean Piaget und sein Stufen-Modell kognitiver Entwicklung, das folgende Stadien kennt:

- das sensomotorische Stadium (null bis zwei Jahre),
- das präoperationale Stadium (zwei bis sieben Jahre),
- das konkretoperationale Stadium (sieben bis elf Jahre),
- das formaloperationale Stadium (ab zwölf Jahren)
- und das Stadium der Methodenkritik.

Kinder in der Kita durchlaufen nach Piaget ausschließlich das sensomotorische und das präoperationale Stadium. Im sensomotorischen Stadium spielt nach Piaget der Erwerb von sensomotorischer Koordination, Objektpermanenz und praktischer Intelligenz eine Rolle. Das präoperationale Stadium ist durch den sogenannten kindlichen Egozentrismus geprägt. Erst im konkretoperationalen Stadium erwerben Kinder die Fähigkeiten, abstrakt zu denken.

Was die kognitive Entwicklung betrifft, orientiert man sich immer noch an Piaget, obwohl inzwischen bekannt ist, dass viele Kompetenzen, die Piaget den verschiedenen Stufen zuordnet, in der Entwicklung der Kinder deutlich früher und teils bereichsspezifisch auftreten. Zeitgenössische Wissenschaftler denken heute eher, dass sich kognitive Entwicklung nicht stufenweise und im Selbstlauf vom Konkreten zum Abstrakten vollzieht, sondern dass sie als Restrukturierung domänenspezifischen Wissens, also in unterschiedlichen Wissensbereichen zu unterschiedlichen Zeiten, durch die Anwendung kultureller Werkzeuge zu verstehen ist.[82]

- Bereits im Alter von drei bis vier Monaten setzen Kinder die Permanenz von Objekten voraus[83] und wissen, dass Gegenstände nicht zur gleichen Zeit an zwei verschiedenen Orten sein können[84]. Vermutlich gibt es ein angeborenes oder sehr frühes intuitives physikalisches Weltwissen.
- Schon mit sechs Monaten haben Kinder ein Verständnis von Kausalität.
- Mit neun Monaten verstehen sie andere Menschen als intentionale Akteure mit eigenen Strategien und Zielen.
- Sie können mit zwei Jahren sprachlich kontrafaktische Szenarien entwerfen.
- Noch vor Vollendung ihres ersten Lebensjahres können sie Dinge aufgrund der Wahrnehmung kategorisieren, können Quantitäten schätzen und Dinge in der Vorstellung drehen.[85]

Folgt man Piagets Theorie, besteht die Gefahr, Kinder notorisch zu unterfordern. Man wird sie in der Kita weder mit Buchstaben konfrontieren noch mit ihnen über Gründe, Ursachen und Motive für die Entstehung von Sachverhalten nachdenken, weil man fürchtet, dass sie nicht über die erforderliche Abstraktionsfähigkeit verfügen. Aber das Gegenteil ist der Fall.

Die Entwicklungspsychologin Beate Sodian betont, dass die Neuordnung, die Restrukturierung der intuitiven Theorien der Kinder schon früh beginnen könne. Domänenspezifisches Wissen der Kinder im Zusammenhang mit domänenübergreifendem metakognitiven Verständnis[86] spielt eine zentrale Rolle in der Entwicklung des Denkens.[87]

---

82 Stern 2002
83 Baillargeon 1995
84 Haith/Benson 1997
85 Haith/Benson 1997
86 Verständnis des eigenen Denkens, das sich besonders in dialogischen Interaktionen entwickelt
87 Vgl. Sodian, B. 2005, S. 9-27

Bei Kindern zwischen vier und sechs Jahren sind optimale Lernvoraussetzungen durch günstige motivationale Bedingungen gegeben: Sie wollen unbedingt lernen und glauben, dass ihnen das gelingen wird. Was ihre Fähigkeiten angeht, sind sie vom sogenannten Überoptimismus getragen, der in der Regel bis zum achten Lebensjahr anhält.[88] Dagegen erschwert die Entwicklung des phonologischen Arbeitsgedächtnisses in der Regel das explizite und intentionale Lernen vor dem sechsten Lebensjahr.[89]

Schaut man vor diesem Hintergrund auf die Bestandteile sokratischer Gespräche, wird deutlich, dass in der Kita der auf Ausdruck und Klärung der Gedanken über Sachverhalte und Gefühle zielende Aspekt des Dialogs stärker für pädagogische Handlungen in der Kita relevant ist als die am Konsens orientierte, auf rationaler Einsicht basierende Sachdiskussion. Am wenigsten relevant ist der – auch im sokratischen Gespräch meist nicht enthaltene – Aspekt des Streitgesprächs, in dem Argumente gefragt sind und die Fähigkeit des Argumentierens sportlich trainiert wird.

Erzieherinnen sollten die ausgezeichneten motivationalen und entwicklungspsychologischen Bedingungen nutzen, um anspruchsvolle dialogische Interaktionen zu gestalten. Im Kita-Alltag angesiedelte, kindinitiierte dialogische Episoden des shared thinking sind die basale didaktische Größe, um

- intuitive implizite Theorien der Kinder explizit werden zu lassen und
- eigene Impulse zu ihrer Restrukturierung zu setzen.

Themen dieser Dialoge können alle Bestandteile des erlebten Kita-Alltags sein: Dinge, Ereignisse, Rituale. Als Modell der Dialoggestaltung eignet sich der an Alltagssituationen ansetzende sokratische Dialog. Als Beispiel kann der vielfach beschriebene Mutter-Kind-Dialog gelten, der sich in Situationen geteilter Aufmerksamkeit vollzieht.[90]

In welcher Form profitieren Kinder von explikativen Dialogen im Kita-Alltag? Sie entwickeln ihr Verständnis von intentionalen Handlungen, von kausalen und klassifikatorischen Strukturen, und sie entwickeln gleichzeitig ihre Fähigkeiten zur Selbststeuerung (Metakognition).[91]

Eine Zumutung: Immanuel Kant und das Selbst-Denken

Folgende Nachricht verfasste Immanuel Kant, als er seine Vorlesungen in den Winterhalbjahren von 1765 bis 1766 einrichtete:

»Alle Unterweisung der Jugend hat dieses Beschwerliche an sich, daß man genöthigt ist, mit der Einsicht den Jahren vorzueilen, und, ohne die Reife des Verstandes abzuwarten, solche Erkenntnisse ertheilen soll, die nach der natürliche Ordnung von einer geübteren Vernunft könnten begriffen werden. Daher entspringen die ewigen Vorurtheile der Schulen, welche hartnäckichter und öfters abgeschmackter sind als die gemeinen, und die frühkluge Geschwätzigkeit junger Denker, die blinder als irgendein anderer Eigendünkel und unheilbarer als die Unwissenheit. (...) Indessen ist es möglich, den öffentlichen Unterricht auch in diesem Stücke nach der Natur mehr zu bequemen, wo nicht mit ihr gänzlich einstimmig zu machen. Denn da der natürliche Fortschritt der menschlichen Erkenntniß dieser ist, daß sich zuerst der Verstand ausbildet, indem er durch Erfahrung zu anschauenden Urtheilen und durch diese zu Begriffen gelangt, daß darauf diese Begriffe im Verhältniß mit ihren Gründen und Folgen durch Vernunft und endlich in einem wohlgeordneten Ganzen vermittelst der Wissenschaft erkannt werden, so wird die Unterweisung eben denselben Weg zu nehmen haben. Von einem Lehrer wird also erwartet, daß er an seinem Zuhörer erstlich den verständigen, dann den vernünftigen Mann und endlich den Gelehrten bilde. Ein solches Verfahren hat den

88 Vgl. Hasselhorn, M. 2005 S. 77-88

89 Vgl. Hasselhorn, M. 2005

90 Protokonversationen zwischen Eltern und Kind finden bald nach der Geburt statt. Dabei handelt es sich um soziale Interaktionen, in denen Kind und Erwachsener sich einander zuwenden, ihre Aufmerksamkeit aufeinander richten und abwechselnd Laute von sich geben. Dieses Phänomen findet sich in allen Kulturen der Welt, aber erst der gemeinsame Bezug auf ein Objekt ermöglicht Intersubjektivität.

91 Vgl. Tomasello, M. 2009; EPPE

Vortheil, daß wenn der Lehrling gleich niemals zu der letzten Stufe gelangen sollte, wie es gemeiniglich geschieht, er dennoch durch die Unterweisung gewonnen hat und, wo nicht für die Schule, doch für das Leben geübter und klüger geworden.

Wenn man diese Methode umkehrt, so erschnappt der Schüler eine Art von Vernunft, ehe noch der Verstand an ihm ausgebildet wurde, und trägt erborgte Wissenschaft, die an ihm gleichsam nur geklebt und nicht gewachsen ist, wobei seine Gemüthsfähigkeit noch so unfruchtbar wie jemals, aber zugleich durch den Wahn von Weisheit viel verderbter geworden ist. Dieses ist die Ursache, weswegen man nicht selten Gelehrte (eigentlich Studirte) antrifft, die wenig Verstand zeigen, und warum die Akademien mehr abgeschmackte Köpfe in die Welt schicken als irgendein anderer Stand des gemeinen Wesens.

Die Regel des Verstandes also ist diese: zuvörderst den Verstand zu zeitigen und sein Wachsthum zu beschleunigen, indem man ihn in Erfahrungsurtheilen übt und auf dasjenige achtsam macht, was ihn die verglichenen Empfindungen seiner Sinne lehren können. Von diesen Urtheilen oder Begriffen soll er zu den höheren und entlegnern keinen kühnen Schwung unternehmen, sondern dahin durch den natürlichen und gebähnten Fußsteig der niedrigern Begriffe gelangen, die ihn allgemach weiter führen; alles aber derjenigen Verstandesfähigkeit gemäß, welche die vorhergehende Übung nothwendig hat hervorbringen müssen, und nicht derjenigen, die der Lehrer an sich selbst wahrnimmt oder wahrzunehmen glaubt und die er auch bei seinem Hörer fälschlich voraussetzt. Kurz, er soll nicht Gedanken, sondern denken lernen; man soll ihn nicht tragen, sondern leiten, wenn man will, daß er in Zukunft von sich selbst zu gehen geschickt sein soll.«[92]

92 Auszug Kants Werke 1905, Bd.2, S. 305-307

Fragen und Haltung

Wie kann man so fragen, dass Kinder ihre Theorien ausdrücken? Wie kann man das Selbstdenken der Kinder unterstützen?

Gut zu fragen ist schwer, und der fragend-entwickelnde Unterricht in der Schule ist ein Misserfolg, denn Fragen sind Bitten um Information. Menschen fragen, wenn sie etwas wissen wollen, wenn ihnen eine Information fehlt. Fragt der Lehrer in der Schule, ist das häufig die Perversion der Frage. Er fragt nicht, weil er eine Frage hat, die er mit den Kindern beantworten oder über die er mit ihnen nachdenken will. Vielmehr fragt er, weil er herausfinden will, was die Kinder wissen. Das heißt: Er weiß die Antwort auf die Frage ganz genau und will herausfinden, ob die Kinder sie auch wissen.

Kinder sind von klein auf an diese Art von Erwachsenen-Fragen gewöhnt und davon gelangweilt. In Gesprächen versuchen sie meist herauszufinden, was die Erwachsenen hören wollen, was »richtig« ist.

Würde man solche Fragen als Rätselfragen stellen, könnte es Spaß machen, sie zu beantworten. Das Rätseletikett wirkt wie ein Anführungszeichen. Damit wird für alle fassbar, dass ein Spiel gespielt wird, ein Fragespiel, dass man also nur so tut, als würde man fragen.

Leider unterscheiden sich echte Fragen von diesen Erwachsenen-Fragen äußerlich nicht, obwohl sich, wie ich im nächsten Kapitel beschreiben werde, Hinweise finden lassen, die immerhin die Richtung angeben können. Kinder müssen merken – und dazu brauchen sie in der Regel Zeit –, wie die Fragen gemeint sind:

- Entweder wollen die Erwachsenen herausfinden, ob es wirklich so ist, dass der Regenwurm blind ist.
- Oder sie wollen herausfinden, was die Kinder darüber denken, um selbst Denkideen zu bekommen.
- Oder sie wollen wissen, ob die Kinder »das Richtige« antworten.

Meine Erfahrung ist: Die Frageintention wird erst nach einer Weile deutlich, sie ist nicht sofort spürbar. Trotzdem soll man mutig und offensiv fragen und sich nicht davor fürchten, dass die Kinder Misserfolgserlebnisse haben könnten oder dass man manipulativ erscheint.

Im Nachdenkgespräch haben Fragen ohnehin eine besondere Funktion. Primär zielen sie darauf, neue Fragen aufzuwerfen und Selbstverständlichkeiten zu irritieren, um die Präzision der Beschreibung zu erhöhen.

Die beste Voraussetzung für gemeinsames Nachdenken ist, selbst viele Fragen und das Bewusstsein entwickelt zu haben, was man alles nicht weiß. Hinzu kommt die Lust, sich neues Wissen zu erschließen, sich selbstdenkend mit seinen Fragen auseinanderzusetzen. Taucht eine Frage auf, kramen viele Menschen krampfhaft in ihrem Gedächtnis, um die Antwort zu finden – »Eigentlich müsste ich es wissen, ich habe es doch gelernt« –, und geraten in einen Prozess, der weder besonders ermutigend noch kognitiv anregend ist. Menschen, die es gewöhnt sind, sich Gedanken zu machen, verfahren anders: Sie überlegen, wie es sich verhalten könnte, stellen sich der Frage und suchen sinnvolle Antwortmöglichkeiten. Wenn sie eine Frage hören, die sie nicht beantworten können, überlegen sie, woher sie eine sicherere Information bekommen könnten, um ihre Vermutung zu prüfen. Mit ihren Überlegungen können sie natürlich schief liegen. Aber sie arbeiten »mit Geist«, kognitiv anregend, und das macht Spaß. »Habe den Mut, dich deines eigenen Verstandes zu bedienen«, sagt Kant.[93]

Andere Menschen wagen es nicht, eine Frage zu stellen, wenn sie keine Antwortidee haben, und vermeiden lieber die Diskussion. Dazu ein Gegenbeispiel: In Santa Fee gibt es das St.-Johns-College, ein teures Elite-College. Menschen, die dort lehren, die Tutoren also, müssen promoviert sein, dürfen aber nicht in dem Fach unterrichten, das ihr eigentliches ist. Dies soll ermöglichen, dass eine gemeinsame Forschersituation entsteht. Der Tutor ist ausgebildet, was das Prozesswissen betrifft, aber nicht mit mehr Wissen ausgestattet, was die Inhalte angeht.

---

93 Kant, I. 1964, S. 53

Für unseren Zweck, das gemeinsame Nachdenken, ist es ideal, wenn wir selbst nicht genau Bescheid wissen. Das hindert uns nicht, eine Frage zu stellen, sondern ist eine geradezu perfekte Voraussetzung dafür.

Aber was ist, wenn jemand nicht viele Fragen hat, nicht staunt? Es kann doch sein, dass jemand es nicht interessant findet, darüber nachzudenken, woraus Plastik eigentlich besteht, wie die Zeit angefangen hat oder ob man bestimmen kann, was man will. Es kann doch sein, dass solche Fragen nichts mit dem eigenen Thema und schon gar nichts mit alltagspraktischen Problemen zu tun haben, die für das eigene Leben relevanter und deshalb auch spannender sind. Mir geht das zwar nicht so, aber ich kenne viele Menschen, denen es so geht. Sollen sie so tun, als würden sie staunen oder sich wundern?

Meine Erfahrung ist: Alles So tun, als ob wird von Kindern als So tun, als ob erkannt und vermittelt die Botschaft: »Ach so, die sind nett zu mir. Aber eigentlich ist das, was ich sage, nicht interessant für sie.« Das ist besonders fatal.

Wer die inhaltlichen Fragen der Kinder nicht in dem Sinne interessant findet, dass er sie sich selbst stellt, und trotzdem eine Situation des shared thinking aufbauen möchte, muss sich zuvor ein paar Fragen über die eigenen Fragen stellen und sein eigenes Interesse untersuchen:

- Will ich etwas über die Welt wissen?
- Will ich wissen, was die Kinder über dies oder jenes denken?
- Bin ich neugierig darauf?
- Will ich mich durch das, was die Kinder über dies oder jenes denken, zum Denken über dies oder jenes anregen lassen und gemeinsam mit ihnen denken?
- Will ich durch das Gespräch mit den Kindern lernen?

Bejaht man eine der Fragen, kann man getrost in Interaktion treten und von der Sachebene auf die Metaebene wechseln.

Dass das Fragen-Lernen für Pädagogen von großem Interesse sein kann, fand auch Immanuel Kant und schrieb: »... wenn jemand der Vernunft des anderen etwas abfragen will, so kann es nicht anders als dialogisch geschehen, dass Lehrer und Schüler einander wechselseitig fragen und antworten. Der Lehrer leitet durch Fragen den Gedankengang seines Lehrjüngers, dadurch dass er die Anlage zu gewissen Begriffen in demselben durch vorgelegte Fälle bloß entwickelt (er ist die Hebamme seiner Gedanken). Der Lehrling, welcher hierbei inne wird, dass er selbst zu denken vermöge, veranlasst durch seine Gegenfragen (über Dunkelheit oder den eingeräumten Sätzen entgegenstehende Zweifel), dass der Lehrer nach dem docendo discimus (sc. durch Lehren lernen wir) selbst lernt, wie er gut fragen müsse.«[94]

Man kann also ein Gespräch über die gleiche Sache führen und einen Gedanken teilen, ohne dass das Erkenntnisinteresse das gleiche sein muss. Die Interaktion muss dabei reziprok[95] und komplementär[96], aber nicht symmetrisch sein. Das heißt, es kann ein Wissensgefälle geben. Doch es muss ein Erkenntnisinteresse vorhanden sein, das nicht darin liegt, die Kompetenzen des Gegenübers zu prüfen, vorher geplante Ergebnisse zu erreichen oder Erkenntnisse zu vermitteln.

Meine Erfahrung ist: Selbst eine grobe Vorplanung verpasst dem Gespräch nicht nur eine vorgefertigte Zielrichtung, sondern – und das ist viel schlimmer – behindert das eigene Nachdenken, die gedankliche Präsenz im Moment.

Ebenso unklug, wie eigenes Nichtwissen zu verstecken, ist es, eigenes Wissen zu verstecken, wenn es in einer vom Kind initiierten Interaktion gefordert wird. Dieses Verstecken scheint mir ein ähnliches Phänomen zu sein wie das Vorgaukeln von Neugier und Überraschung, die man nicht aufbringt oder empfindet.

Ich erinnere mich an ein hoch gelobtes Projekt in einer Kita, in dem Folgendes passierte: Die Kinder brachten einen Ast an, auf dem sie eine Geheimschrift gefunden zu haben glaubten. Natürlich wussten

94 Kant, I. 1977, Bd. VIII, S. 618
95 Beide sagen etwas.
96 Das, was gesagt wird, bezieht sich aufeinander und ergänzt einander.

die Erzieherinnen, dass ein Insekt oder Käfer auf dem Ast seine Spuren hinterlassen hatte, also niemand etwas Geheimes ins Holz geritzt hatte. Auf die Nachfrage der Kinder teilten sie ihr Wissen aber nicht mit, sondern organisierten ein Forschungsvorhaben der Kinder, das über Wochen ging. Hätten sie ihr Vorgehen als Rätsel gekennzeichnet[97], wäre es sinnvoll gewesen. Es als Forschungsvorhaben zu deklarieren, das finde ich nicht nur unredlich, sondern auch unproduktiv, denn die nächstliegende Erkenntnisquelle – die Erfahrung der Erzieherinnen – ist verschlossen. Schade, denn die Idee der Geheimschrift wäre tatsächlich ein guter gemeinsamer Denk- und Forschungsanlass gewesen, um zum Beispiel folgende Fragen zu beantworten:

- Worin ähnelt eigentlich die Insektenspur der Schrift von Menschen?
- Worin unterscheidet sie sich?
- Welches Insekt könnte die Spur hinterlassen haben?
- Wie schafft ein so kleines Tier es, diese Spur in das Holz zu kerben?
- Wie viel stärker im Verhältnis zum Gewicht muss ein solches Tier sein?
- Kann das Tier eigentlich sehen?
- Frisst es die Holzspäne?
- Was ist der Zweck seines Tuns?

Lauter Fragen, die weder die Kinder noch die Erzieherinnen sofort beantworten können...

Regeln für kognitiv anregende Dialoge

Man kann Dialoge mit Kindern auf viele Qualitätsmerkmale hin untersuchen und beschreiben. Als zentrale Merkmale in der zeitgenössischen Diskussion werden zumeist der Bindungs- und Beziehungsaspekt[98] sowie der Aspekt der Partizipation und Wertschätzung[99] genannt.

In diesem Buch geht es jedoch auch um einen anderen Qualitätsaspekt von Dialogen mit Kindern: um die Qualität der kognitiven Anregung. Dennoch bilden die genannten Aspekte gewissermaßen die Basis, auf der kognitiv anregende Dialoge gedeihen können. Anders gesagt: Kognitiv anregende Dialoge beinhalten diese Elemente und sind geeignet, sie weiterzuentwickeln.

Folgende Grundregeln gelten für kognitiv anregende Dialoge:

97 Siehe S. 48
98 Nähe und Sensitivität
99 Ich-Botschaften, Gewaltfreie Kommunikation

Welche Sprechakte sind in Nachdenkgesprächen sinnvoll?

Einstiegsfragen

- Steigen Sie ein, indem Sie nach dem Vorwissen der Kinder fragen: Wo gibt es eigentlich...?
- Stellen Sie als Einstiegsfrage eine Frage, die Sie sich selbst einmal gestellt haben oder die sich Ihnen noch immer stellt.
- Benutzen Sie Was wäre, wenn-Fragen, stellen Sie ein Fantasie-Szenario her.
- Gehen Sie, wann immer sich die Möglichkeit ergibt, von den Fragen der Kinder aus. Besonders effektiv für Bildungsprozesse ist es, den Aufmerksamkeitsfokus der Kinder zu teilen.
- Stellen Sie Warum-Fragen auch als eigene Fragen: Und da frage ich mich, warum...?
- Stellt ein Kind eine Frage, geben Sie die Frage zunächst zurück: Hast du eine Idee?

Nachfragen

- Bitten Sie die Kinder, genauer zu beschreiben, was sie meinen: Was heißt das denn genau?
- Fragen Sie nach, wenn ein Kind Wörter gebraucht, die andere Kinder möglicherweise nicht verstehen.
- Nehmen Sie die Ideen der Kinder ernst, auch wenn sie Ihnen als zu fantastisch erscheinen. Fragen Sie nach und lassen Sie die Kinder ihre Ideen noch einmal erläutern.

Diskussionsfragen

- Fragen Sie die Kinder nach Begründungen ihrer Meinungen: Warum denkst du, dass...?
- Schärfen Sie die Wahrnehmung der Kinder, indem Sie auf Unterschiede aufmerksam machen: Ist euch schon mal aufgefallen, dass...?
- Ersetzen Sie, wenn es Ihnen darauf ankommt, kausale Hypothesen zu entwickeln, das Warum durch: Wie kommt es dazu, dass...?
- Suchen Sie nach möglichen Einwänden gegen feste Meinungen: Könnte es nicht, sein, dass..., weil...?
- Benutzen Sie Wenn-dann-Fragen, um die logische Struktur deutlich zu machen: Wenn..., dann... – oder was denkst du?
- Wenn Sie merken, dass Ihre Frage ungeeignet war, korrigieren Sie sich: Besser gesagt... Lassen Sie sich beim Denken zuschauen.
- Stellen Sie vermeintliche Selbstverständlichkeiten in Frage, werfen Sie ungewöhnliche Fragen auf: Woher wissen wir eigentlich, dass...?
- Lassen Sie die Kinder Beschreibungen und Bewertungen präzisieren: Was genau war schlecht (gut) daran?
- Stellen Sie Eigentlich-Fragen, wenn Sie Begriffen präzisieren oder Phänomene klären wollen: Warum haben wir eigentlich...?

Weitere Sprechhandlungen, die für Nachdenkgespräche interessant sind

- Spiegeln Sie wider, was Sie verstanden haben, und geben Sie die Aussagen der Kinder im Wortlaut als Aussage und nicht als Frage wieder: Wenn ich dich richtig verstanden habe, meinst du...
- Bestätigen Sie die Kinder, die selbst eine Frage stellen.
- Verbalisieren Sie im Moment erfahrbare Vorgänge, die mit dem Gesprächsthema zusammenhängen: Ist das Sandkorn hier eigentlich auch aus Stein?
- Stellen Sie Analogien her, indem sie Vergleiche ins Spiel bringen: Und wie ist das bei Tieren?
- Machen Sie auf Unterschiede aufmerksam, die Ihnen wichtig erscheinen: Der Schuh sieht aber völlig anders aus – oder was denkst du?
- Stellen Sie eine aus dem Alltag stammende Gegenposition zu dem dar, was das Kind sagt, und zwar nicht nur, wenn Ihnen das Gesagte unplausibel erscheint: Bei mir war das aber so... Oder: Es könnte doch auch sein, dass...
- Regen Sie das logische Denken der Kinder an, indem Sie bei Widersprüchen ausdrücken, dass sich eine neue Frage stellt: Wenn du sagst, der Mond ist da, damit wir nachts besser sehen können, frage ich mich, warum er dann manchmal gar nicht leuchtet.
- Lassen Sie die Kinder erleben, dass Sie nicht alles wissen. Verstecken Sie Ihr Nicht-Wissen nicht.
- Lassen Sie die Kinder erleben, dass Sie etwas genau wissen. Verstecken Sie Ihr Wissen nicht.
- Sagen Sie im Gespräch ruhig Ihre Meinung. Begründen Sie sie. Stellen Sie sie nicht als einzig mögliche Meinung dar.

Was zu beachten ist

- Lassen Sie den Kindern Zeit, nachdem Sie eine Frage gestellt haben, damit sie eigene Gedanken fassen können. Warten Sie deutlich länger, als Sie glauben, warten zu müssen.
- Stellen Sie keine rhetorischen Fragen, deren Antwort Sie ganz genau kennen.

Tipps

- Bei Analyse- und Forschungsfragen, deren Antwort auf den ersten Blick trivial erscheint, können Sie durch das Wort eigentlich deutlich machen, dass Sie den Blick auf das richten wollen, was sich unter der Oberfläche verbirgt.
- Dies können Sie auch erreichen, wenn Sie der Sachfrage die Wendung Was denkst du? oder Was meinst du? voranstellen. Dadurch verschieben Sie Ihr Interesse – für das Kind wahrnehmbar – von der Sache auf die Konzepte, Theorien oder Hypothesen des Kindes.
- Sie können eigentlich und Was denkst du? oder Was meinst du? auch kombinieren.
- Gehen Sie prinzipiell vorsichtig mit Warum-Fragen um. Fragen Sie nach Begründungen, indem Sie die Warum-Frage durch Zusätze wie Was denkst du, warum...? oder Was meinst du, warum...? erweitern.
- Vorsicht ist bei oder am Ende der Aussage geboten. Das kann leicht suggestiv wirken. Sagen sie lieber: Oder was denkst du?
- Vermeiden Sie Ja, aber-Einstiege. Der Widerspruch (aber) hebt die Bestätigung (ja) auf.
- Beharren Sie nicht auf einem Aspekt des Themas, wenn die Kinder Ihre Frage nicht aufgreifen. Bleiben Sie auch nicht starr beim Thema. Wechseln Sie mit den Kindern.
- Erklären Sie nicht sofort, wie es sich aus Ihrer Sicht verhält. Lassen Sie Raum für Hypothesenbildung.
- Bleiben Sie nicht beim Widerspiegeln. Bringen Sie eigene Hypothesen ins Gespräch.
- Bereiten Sie nicht zu viel vor, denn Vorbereitung leitet das Hören. Sein Sie offen für das, was an Gedanken im tatsächlich Gesagten steckt.

Ermutigende Reaktionen, die direkt auf die Fragen der Kinder folgen

- Das ist eine wichtige Frage, die mir noch gar nicht in den Sinn gekommen ist.
- Ja, stimmt. Das habe ich mich auch schon gefragt.
- Gut, dass du nachfragst. Ich weiß das auch nicht genau. Was denkst du?
- Das ist eine interessante Idee.
- Stimmt. Darüber habe ich noch nie nachgedacht.
- Das gibt mir jetzt wirklich zu denken.

Wenn Sie so reagieren, merken die Kinder, dass Sie es schätzen, wenn nachgefragt und eigene Fragen gestellt werden. Auch hier gilt natürlich: Ermutigung vorzutäuschen, das klappt nicht.

Epistemische[100] Markierungen eigener Positionen

Eigene Meinungen können Sie »markiert« einbringen, indem Sie den Gewissheitsgrad Ihrer Meinung angeben. Sie sind schließlich nicht allwissend, und das sollten die Kinder auf Schritt und Tritt merken. So haben sie die Chance, Nachdenken zu erleben.[101]

- Ich vermute mal...
- Ich denke...
- Ich stelle mir vor...
- Ich frage mich...
- Ich kann mir vorstellen...
- Ich überlege...
- Viele denken...
- Ich habe gehört...
- Man könnte davon ausgehen...

100 Epistemisch = erkenntnistheoretisch. Man gibt den Grad der Gewissheit oder die Quelle an.
101 Vgl. in Teilen auch Siraj-Blatchford 2005

Wichtig ist auch, die Methode des »Laut-Denkens« im Kita-Alltag viel häufiger anzuwenden, also einfach das, was einem durch den Kopf geht, auch auszudrücken. Zum Beispiel: »Ich muss mal nachdenken, wie ich das heute Abend mache... Ich muss mit dem Hund zum Tierarzt, weil er sich am Fuß verletzt hat; ich muss meine Bücher in der Bibliothek abgeben und noch fürs Abendbrot einkaufen. Aber das werde ich alles gar nicht schaffen.«[102]

Umgang mit den Warum-Fragen der Kinder und ihren »Zeige-Fragen«

Wie wir uns verhalten, wie wir fühlen, wie wir die Dinge betrachten und hinterfragen, wie wir kommunizieren – all das prägt das Selbstbild unserer Kinder, ihre Art zu denken und die Welt zu betrachten, nicht nur oberflächlich, sondern im Kern. Wie können wir in alltäglichen Situationen reagieren, wenn ein vierjähriges Kind uns fragend anspricht?

Ich möchte das an einem Beispiel deutlich machen: Fragen stellen Kinder den Erwachsenen, weil sie verstehen wollen, wie die Ereignisse und Dinge in der Welt und wie Handlungen von Personen miteinander zusammenhängen. Sie interessiert, welche Idee die Erwachsenen haben, und sie wollen gemeinsam überlegen. Ein Beispiel: Marie, vier Jahre alt, kommt mit einem Käfer auf der Hand, der sich nicht bewegt, zu uns und fragt: »Warum kann der Käfer nicht fliegen?« Nehmen wir an, wir wissen das nicht genau. Wie können wir so reagieren, dass wir die Frage von Marie ernst nehmen und ihr das auch deutlich machen, uns selbst aber auch als nachdenkende Person mit unserem Wissen ins Spiel bringen – und Marie darüber hinaus zum Selbst- und Weiterdenken ermutigen? Eine gute Möglichkeit ist, dass wir – nachdem wir den Käfer auf Maries Hand angeschaut haben – genau das, was eben beschrieben wurde, dialogisch tun:

Wir wertschätzen die Frage und geben Marie zu verstehen, dass es gut ist, dass sie diese Frage stellt, dass sie nachdenkt und auf eine Abweichung/Unklarheit stößt, für die sie eine Interpretation sucht. Wir sagen »Das ist eine gute Frage« oder

Wie können wir mit den Fragen der Kinder umgehen?

Beispiel: »Warum fliegt der Käfer nicht weg?«

1. Kinderfrage würdigen

- Das ist eine gute Frage!
- Gute Frage! Ja, warum eigentlich?
- Das habe ich mich auch schon gefragt.
- Ja, das ist interessant.

2. Eigene Vermutung aufstellen

- Also ich könnte mir vorstellen, dass... er vielleicht müde ist.
- Ich würde sagen, ... sein Flügel sieht ein wenig zerdrückt aus.
- Ich denke, ... der will erst einmal deine Hand erkunden.
- Ich habe mal gehört/gelesen, dass... Mistkäfer keine guten Flieger sind.
- Ich glaube, dass... es ihm auf deiner warmen Hand gut gefällt.
- Ich vermute, dass... er vor Schreck ganz erstarrt ist

3. Frage zurückgeben

- Und was meinst du?
- Und was denkst du?
- Was glaubst du?
- Was vermutest du denn?

»Ja, wirklich.« Wir denken wirklich nach und überlegen uns, was der Grund dafür sein könnte. Wir bringen einen eigenen Gedanken ein, eine Hypothese, die uns plausibel erscheint. Wir markieren diesen Gedanken als Möglichkeit und signalisieren dadurch, dass wir nicht »von oben herab« erklären, sondern selbst mitdenken: »Ich kann mir vorstellen, dass er sich verletzt hat« oder »Vielleicht ist er noch jung. Ich weiß gar nicht, ob kleine Käfer gleich nach

102 Vgl. nach: Prof. Iram Siraj-Blatchford's presentation on Quality Interactions in the Early Years at the TACTYC Annual Conference, ›Birth to Eight Matters! Seeking Seamlessness – Continuity? Integration? Creativity?‹ 5, November 2005, Cardiff

ihrer Geburt schon fliegen können.« Wir signalisieren Interesse an einer Hypothese von Marie, die dann zusammen mit unserer eigenen Hypothese Ausgangspunkt des gemeinsamen Erwägens werden könnte. Wir geben die Frage zurück: »Und was denkst du?«

Wir können uns genauso verhalten, wenn Marie mit dem Käfer auf der Hand kommt und statt einer Warum-Frage einfach sagt: »Guck mal, der kann nicht fliegen.« Wenn wir dann einfach ihre »Zeige-Frage« als Warum-Frage interpretieren, kommen wir genauso gut ins Gespräch.

Und wie geht es dann weiter? Wenn Marie unserer Idee zustimmt, also auf unsere Hypothese einfach nur zustimmend reagiert, können wir eine zweite Hypothese aufstellen, die unserer ersten widerspricht, und unter Umständen bei Marie einen kognitiven Konflikt auslösen.

Wenn Marie weiter mit uns redet und ihre Hypothese äußert, zum Beispiel, dass der Käfer krank sei, können wir darauf entweder zustimmend und erweiternd eingehen oder eine Kontraposition setzen.

Wie können wir Dialoge weiterführen?

Beispiel: Kevin zeigt seine neuen Turnschuhe: »Die leuchten, weil da Strom drin ist.«

1. Zustimmen und Erweitern

- Zustimmen: Ja, das könnte sein...
- Das denke ich auch...
- Erweitern: Vielleicht kommt der von einer kleinen Batterie... (Vielleicht...plus neue Idee, Detailbeschreibung, Assoziation...)
- Ich habe mal gesehen, gehört, gelesen, gemerkt, dass...

2. Kontraposition geben und Erweitern

- Kontraposition: Das könnte sein. Vielleicht ist es auch anders.
- Ich denke eher, dass... da keine Batterie drin ist. Ich kenne Farben, die leuchten, wenn man sie vorher angestrahlt hat...

Dialoge mit Kindern

Die Dialoge mit Kindern, die kognitiv und emotional anregend sind, sind solche, die ihre selbstständige Hypothesenbildung fördern und nicht einengen. Es sind Dialoge, die Eigenexploration unterstützen. Solche Dialoge zu führen, ist nicht einfach. Wir wissen aus der Forschung, dass Kinder früh unsere Intention erkennen, zu lehren und zu erklären.[103] Für die lehrenden Botschaften Erwachsener sind sie empfänglich. Man kann das daran erkennen, dass sie aus Informationen, die sie von Menschen bekommen, die im Lehr-Modus mit ihnen kommunizieren, andere Konklusionen ziehen als aus eigenen Experimenten oder aus Gesprächen mit Personen, die nicht im Lehr-Modus mit ihnen kommunizieren.

Ein Beispiel: Bonawitz et al.[104] gaben Kindern in einem Experiment, in dem es um die Wirksamkeit pädagogischer Interaktionen für die kausalen Schlussfolgerungen der Kinder ging, ein kompliziertes Spielzeug mit vier Röhren. Das Röhrenspielzeug hatte vier verschiedene Funktionen (Piepen, Leuchten...). Nun wurden verschiedene Situationen mit den Kindern durchgespielt. In einer Situation sahen die Kinder, wie eine erwachsene Person, die Versuchsleiterin, zufällig an eine Röhre stieß und das Spielzeug zu piepen begann. Danach wurden die am Versuch beteiligten Kinder jeweils mit dem Röhrenspielzeug allein gelassen. Sie imitierten die Piep-Aktion und fanden in Eigenexploration alle weiteren Funktionen des Spielgeräts heraus.

In einer anderen Situation stellte die erwachsene Person das Spielzeug vor und sagte: »Schaut mal, das ist mein Spielzeug. Ich mach mal, dass es piept.« In dieser Situation wiederholten die Kinder lediglich das Piepen und erforschten die anderen Funktionen des Geräts nicht.

Offenkundig folgerten die Kinder, dass der lehrende Erwachsene die relevanten Informationen vorstrukturiert habe, sodass die eigene Exploration oder Hypothesenbildung nicht notwendig sei. Die Autoren der Studie führen dies darauf zurück, dass die Kinder von erklärenden Erwachsenen implizit erwarten, dass sie die relevanten Informationen vorstrukturieren und die wesentlichen Informationen herausfiltern. Im starken Umkehrschluss unterstellen sie, dass nicht relevant ist, was nicht vermittelt wird. Etwa so: Was wichtig ist, wird man mir schon sagen. Was man nicht sagt, ist nicht wichtig. Wie häufig kommt es aber vor, dass wir nicht wissen, was wir nicht wissen?[105] Wir sollten den »Erklär-Modus«, eben weil er Hypothesenbildung einschränkt, sehr bewusst einsetzen und in der Regelinteraktion das gemeinsame Nachdenken in den Vordergrund unseres pädagogischen Handelns stellen.

---

103 Tomasello, M.: Die kulturelle Entwicklung des menschlichen Denkens. Zur Evolution der Kognition. Suhrkamp, Frankfurt am Main 2006

104 Bonawitz, E. B./Shafto, P./Gweon, H./Goodman, N./Spelke, E./Schulz, L. E.: The double-edged sword of pedagogy: Teaching limits children's spontaneous exploratoration and discovery. Cognition, 120 (3), S. 322-330

105 Muentener, P./Schulz, L.: What Doesn't Go Without Saying: Communication, Induction, and Exploration. In: Language Learning and Development, Band 8, Issue 1, S. 61-85.

Wie in der Kita gesprochen wird

Wir wissen, dass die Sprachkultur in Kitas, was kognitiv anregende Interaktionen betrifft, zu wünschen übrig lässt.[106] In größeren Kindergruppen dominieren Sprechakte der Anweisung.[107] Als Ursache dafür wird häufig der Betreuungsschlüssel genannt.

Als gesichert kann gelten, dass die emotionale Bindung der Erzieherin deutlichen Einfluss auf die Sprachentwicklung der Kinder hat.[108]

Obwohl bekannt ist, dass das Involviertsein[109] der Erzieherin ein wichtiger Faktor für die kindliche Entwicklung ist[110], ergaben Forschungen jedoch, dass Erzieherinnen in der Praxis häufig vermeiden, sich in kindliche Spielprozesse einzubringen, weil sie befürchten, diese Prozesse zu unterbrechen. Instruktive, vermittelnde Interaktionen werden als manipulativ empfunden. Das hängt mit dem falschen Verständnis von konstruktivistischen Lerntheorien zusammen und wird in der angelsächsischen Literatur als »early childhood error« bezeichnet.[111]

Nur ein kleiner Teil der Erzieherinnen, 9 Prozent, partizipiert manchmal an Freispielsituationen[112]. Probleme aller Art, konstatieren Göncü und Weber, werden hauptsächlich über Anleiten und Assistieren, seltener kooperativ und in Zusammenarbeit gelöst.[113] Paarinteraktionen finden kaum statt – nur cirka 5 Prozent der vorhandenen Zeit werden dazu genutzt.[114] In 90 Prozent der Zeit initiieren Erzieherinnen keinerlei Interaktion mit dem Kind.[115] Bei den verbleibenden 10 Prozent handelt es sich um Begrüßungen, kurze Fragen und kurze Antworten.

Im Jahr 2003 stellen Winsler und Carlton fest, »dass sich die Erzieherinnen in 81 Prozent der Freispielsituationen zwar in der Nähe des Kindes befinden, aber nicht mit dem Kind interagieren – es sei denn, um das Kind zum Spiel aufzufordern oder direkte Anweisungen zu geben«.[116] Direkte Anweisungen sind im Kita-Alltag das Regelmodell der »Interaktion« mit Kindern. Das belegen Studien für den deutschsprachigen Raum und internationale Untersuchungen.[117]

Bekannt und für unsere Belange besonders wichtig ist auch, dass der Fragestil der Erzieherinnen die Möglichkeiten beeinflusst, »wie sich Kinder in die Interaktion mit den Erwachsenen einbringen können«[118].

Interaktionen, in denen offene Fragen und Aufforderungen dominieren, die die Fantasie der Kinder anregen und die gemeinsame Bearbeitung von Problemen anbieten, wirken ebenso förderlich auf das Sprachverhalten und die kognitive Entwicklung der Kinder[119] wie das Gespräch über ein Fantasiespiel[120].

106 Siehe u. a.: Tietze, W. et al. 1998; Wolf et al. 1999
107 Howes/Whitebook 1991
108 Tausch et al. 1973
109 Zum Beispiel: sich einmischen, mitspielen
110 Wilcos-Herzog/Ward 2004
111 Vgl. Kontos/Dunn 1993; König 2009, S. 121
112 Göncü/Weber 2000
113 Vgl. König 2010, S. 116
114 Tietze et al. 1998
115 Meade 1995
116 König 2009, S. 123
117 Vgl. Neubauer 1980; Kontos 1999; Tietze et al. 1998
118 König 2010, S. 118
119 Winsler/Carton 2003
120 Ssalz/Dickson/Johnson 1977

Dadurch wird die kognitive Entwicklung stärker gefördert als durch das Vorlesen von Geschichten.[121]

Andere Autoren[122] verweisen vor allem auf den hohen Stellenwert offener Fragen im Interaktionsverhalten der Erzieherin – ein wesentlicher Bestandteil von sustained shared thinking. Interaktionsprozesse zwischen Erzieherinnen und Kindern haben jedoch erst dann entscheidenden Einfluss auf die kognitive Entwicklung der Kinder, wenn sie zu »geteilten Denkprozessen« werden.[123]

Die Einstiegsfrage in ein Gespräch orientiert sich idealerweise am Interesse, am Thema des Kindes. Ist das Interesse oder Thema nicht ganz deutlich, empfiehlt es sich, am gemeinsamen Hintergrund, auf den das Kind seine Aufmerksamkeit gerade richtet, anzusetzen und ein Gespräch zu beginnen. Im Laufe des Gesprächs ergeben sich möglicherweise Ansatzpunkte, die Aufschluss über das Interesse oder Thema des Kindes geben können.

Es ist bekannt, dass Kinder von Eltern, die in Gesprächen häufig Wo-, Wie- und Warum-Fragen stellen, ein besseres Gedächtnis für Episoden haben und Abläufe souveräner im Erzählformat präsentieren können als Kinder von Müttern, die sich an Wer- und Was-Fragen orientieren, also eher einen pragmatischen Gesprächsstil praktizieren.[124]

Nach der ersten Gesprächssequenz des Kindes gibt das von ihm herausgegriffene Thema die inhaltliche Vorlage für die folgende Sequenz des Erwachsenen. Die logische Zielrichtung der Frage oder Aussage des Erwachsenen sollte das angeschlagene Thema in Hinsicht auf die Fragen nach dem Wie, dem Wozu, dem Warum oder dem Was wäre, wenn… vorantreiben. Dabei gilt die Regel, diese Fragen stets mit einem Was denkst du? oder Was meinst du? und dem Wörtchen eigentlich zu ergänzen.

Eigene Statements des Erwachsenen sind selbstverständlich erlaubt, er muss sein Wissen nicht verbergen. Zunächst aber sollte das Kind die Möglichkeit haben, seine eigene These zu formulieren.

Was passiert nach der Einstiegsfrage?

Wenn Kinder mit einer Frage beginnen, sind sie natürlich am Wissensstand des befragten Erwachsenen interessiert. Es ist wahrscheinlich höchst unbefriedigend für sie, wenn der Erwachsene ihnen die Frage einfach zurückgibt.

Bei jeder Aussage eines Erwachsenen im Dialog mit Kindern ist es wichtig, diese Aussage »einzuklammern«, also deutlich zu machen, dass es sich um den momentan verfügbaren persönlichen Erkenntnisstand oder eine für plausibel gehaltene Möglichkeit handelt und nicht um eine letztgültige Wahrheit. Man kann sagen: »Ich weiß es nicht genau, aber ich könnte mir vorstellen, dass…« Oder: »Ich denke, dass es so und so sein könnte.« Oder: »Ich habe neulich mit jemandem geredet, der hat es so und so gesehen. Aber ich finde, dass es auch so und so sein könnte.«

Viele Kinder kennen Fragen von Erwachsenen nur als »Osterhasenfragen«. Statements von Erwachsenen verstehen sie nicht als subjektive Interpretationen, sondern als Erklärungen dafür, wie es »richtig« ist. Damit müssen wir rechnen. Deshalb sollten unsere »Antworten« immer als Urteile markiert werden, die auf der derzeit verfügbaren Datenbasis gründen und sich möglicherweise als falsch herausstellen könnten, wenn man die Dinge von einer anderen Seite betrachtet.

Also: Für kleine Kinder ist es entscheidend, dass wir ihnen die Möglichkeit eröffnen, die eigenen subjektiven oder intuitiven Theorien hinsichtlich des Wie, Wozu, Warum und Was wäre, wenn… zu artikulieren. Falls der logische Zusammenhang im Statement eines Kindes fehlt oder unterschiedliche Kinder unterschiedliche Positionen vertreten, bietet es sich an, Dilemma-Situationen herbeizuführen, denn Lernprozesse haben häufig Erfahrungen der Irritation zum Ausgangspunkt. Dilemma-Situationen sind Situationen, in denen sich ein Widerspruch derart deutlich auftut, dass man nicht genau weiß, was zu tun oder wie etwas zu beurteilen ist. Ein typisches

121 König 2010, S. 119
122 Sylva et al. 2004
123 Vgl. König 2010, S. 122
124 Vgl. Klann-Delius 2008, S. 182

Beispiel: Darf ich lügen, um meiner im Sterbebett liegenden Großmutter die Nachricht zu ersparen, dass ihre Goldfische verhungert sind, weil ich mich nicht um sie gekümmert habe?

Nachvollziehbare Konfliktsituationen sind für Nachdenkgespräche zentral, weil sie Verwunderung erzeugen können. In Anlehnung an Ekkehard Martens, dessen Bestreben es ist, ein integratives Methodenparadigma für die philosophische Arbeit in pädagogischen Kontexten zu etablieren, schlage ich eine verkürzte Variante für die Arbeit in Kitas vor, die auf den Dialog fokussiert ist.

Martens seziert aus der Philosophiegeschichte fünf verschiedene Methoden, den Problemen der Philosophie zu Leibe zu rücken[125]:

- die phänomenologische Methode: differenziert und umfassend beschreiben, was ich wahrnehme und beobachte;
- die hermeneutische Methode: das eigene Vorverständnis bewusst machen und Texte lesen (nicht nur philosophische);
- die analytische Methode: die verwendeten zentralen Begriffe und Argumente hervorheben und prüfen;
- die dialektische Methode: ein mündliches oder schriftliches Dialogangebot wahrnehmen, auf Alternativen/Dilemmata zuspitzen und abwägen;
- die spekulative Methode: Fantasien und Einfälle zulassen und betrachten.

Für unser Vorhaben ist entscheidend, klarzustellen, dass wir uns einerseits immer in einer dialogischen Situation befinden und dass andererseits das Textlesen nicht für beide am Dialog Beteiligten relevant ist. Hermeneutik wird im Sinne von Phänomenologie praktiziert (Vorverständnis klären). Hermeneutik und Dialektik können also in einem Methodenparadigma, das Interaktionsprozesse der Erzieherinnen mit Kindern beschreibt, keine Berücksichtigung finden. Es bleiben noch Phänomenologie, Analytik und Spekulation.

Die Erkenntnismethode in Nachdenkprozessen kann also folgendermaßen dargestellt werden:

- eine Denkspirale malen,
- beschreiben, ergründen und vorstellen oder analysieren, forschen und spekulieren.

125 Martens 2003, S. 56

Erfahrungen und Schwierigkeiten mit Nachdenkgesprächen

Im Mai 2010 führten Alexander Scheidt und ich im Sozialpädagogischen Fortbildungsinstitut Berlin-Brandenburg ein dreitägiges Seminar zum Thema »Nachdenken mit Kindern« durch. Zum Nachbereitungstreffen im November 2010 brachten alle Teilnehmerinnen erste Erfahrungen aus der Praxis mit.

Im Seminar war den Teilnehmerinnen erstmals deutlich geworden, wie selten solche Gespräche mit Kindern im Alltag geführt werden. Einhellig waren sie der Meinung, dass sie ihr Sensorium für geeignete Gesprächsmomente geschärft hatten und danach besser imstande waren, Kinder in Gespräche über die Ereignisse und Gegenstände in ihrem Umfeld zu verwickeln. Sie berichteten, dass es vor allem in Alltagssituationen Nachdenkgespräche gegeben habe. Als besonders geeignet benannten sie Situationen:

- bei allen Mahlzeiten,
- beim Anziehen,
- auf Spaziergängen,
- beim freien Spiel im Haus und im Garten,
- nach dem Vorlesen,
- beim kreativen Gestalten mit den Händen,
- in Wartezeiten.

Für die Teilnehmerinnen war es wichtig, sich von zu hohen Erwartungen an die Gespräche zu befreien. Das betraf Erwartungen an die eigene Fragetechnik und Antwortkompetenz wie auch Erwartungen an die Kinder und deren Fragen oder Ideen. Eine Kollegin betonte, sie habe sich wieder »getraut, etwas zu fragen«. Zuvor habe sie das als manipulativen Eingriff in die Bildungsbewegungen der Kinder missverstanden.

Die Kinder, berichteten die Teilnehmerinnen, hatten keine Probleme, auf die Gesprächsangebote einzugehen. Im Gegenteil: Diese Angebote machten ihnen Freude. Unterschiede im Frageverhalten von Mädchen und Jungen wurden nicht beobachtet. Sondern: Alle Kinder stellten seither mehr Fragen.

Problematisch sei jedoch der Versuch, in größeren Gruppen geregelte Gesprächsrunden zu etablieren, und zwar aus organisatorischen Gründen. Hinzu komme, so berichtete eine Teilnehmerin, dass die Vier- bis Fünfjährigen ihrer Gruppe noch keine eigenen Meinungen entwickelt hätten, die sie unabhängig voneinander vertreten würden: »Einer sagt etwas, alle anderen sprechen nach.« Diese Erfahrung teilten ihre Kolleginnen nicht, berichteten aber, dass der Tagesablauf es manchmal erzwinge, Gespräche abzubrechen.

Die große Herausforderung sei es jedoch, mit Eltern und Kolleginnen darüber zu kommunizieren, denn es gäbe wenig Verständnis für Nachdenkgespräche. Den Kindern, so berichtete eine Teilnehmerin, solle Wissen vermittelt werden, statt sinn- oder nutzlose Gespräche mit ihnen zu führen.

Abhilfe und Annäherung

Um zur Überwindung solcher Unsicherheiten beizutragen, entschlossen wir uns, mit den Teilnehmerinnen Einstiegsfragen für Schlüsselsituationen zu sammeln und sie in der Praxis auszuprobieren. Natürlich kann eine solche Sammlung lediglich Anregungen für Gesprächseinstiege liefern, also kein Gesprächsleitfaden sein.

In Seminaren sowie bei Begegnungen mit Eltern und Kindern ergänzten wir die Sammlung um weitere Schlüsselsituationen, ordneten die Fragen, führten selbst Gespräche oder ließen sie von Erzieherinnen aufzeichnen. So entstand das folgende Kapitel »Schlüsselsituationen im Kita-Alltag«.

Mit Alexander Scheidt und anderen Interessierten diskutierte ich immer wieder über die Sinnhaftigkeit dieser Verfahrensweise. Dabei erörterten wir vor allem zwei Fragen:

- Ist es nicht eher die fragende Haltung der Erzieherin, die ein Nachdenkgespräch zu einem gelungenen Gespräch macht, und nicht eine aus dem aktuellen Sinnzusammenhang herausgehobene Einstiegsfrage?
- Könnte ein Fragenkatalog, der sich pauschal an exemplarischen Situationen des Kita-Alltags ausrichtet, nicht manipulativ wirken und die kognitive Entwicklung eines Kindes eher hemmen als fördern?

Zur ersten Frage:

Im Prinzip ist das natürlich so. Aber: Die Realität ist komplex, und »Haltung« ist ein schwer fassbarer Begriff. Man könnte sagen, dass zu einer Haltung immer Einstellungen gegenüber der Welt und Wissen sowie Kompetenzen verschiedener Arten gehören. Eine fragende Haltung ist eine Haltung der Neugier, aber auch eine Haltung des Hinterfragens und Bezweifelns von Selbstverständlichem.

Wir müssen eine Meinung (Idee) zu Sachverhalten und Ereignissen haben, die uns umgeben, und gleichzeitig ein Gespür für Unstimmigkeiten und Fragwürdiges (Kompetenz). Wir müssen überzeugt sein, dass es Sinn hat, eine Frage mit anderen Menschen zu erörtern.

Im Alltagstrott neigen wir dazu, unsere Fragelust zu verlieren. Schrittweise geht die Neugier flöten – außer bei großen Wissenschaftlern, genialen Erfindern und Denkern. Anhaltend sind wir mit alltäglichen Belangen und deren Organisation beschäftigt. Das Problem ist aber, dass uns, wenn wir keinen Gebrauch von unserer Fähigkeit zum Nachhaken machen, schließlich der Blick für des Nachfragens Würdiges und die Frage-Haltung verloren geht, weil wir sie immer seltener einnehmen.

Wir können uns wieder annähern, indem wir darüber nachdenken, welche Fragen sich uns eigentlich stellen – ein paar werden sich schon finden lassen. Das ist der Königsweg.

Wir können auch wieder einsteigen, indem wir uns vor Augen führen, welche Fragen man eigentlich überhaupt stellen kann, worüber andere Leute ernsthaft nachdenken.

Denken Philosophen ernsthaft über Dinge nach, stellen sie sich häufig Fragen, deren Frageobjekt anderen Menschen völlig absurd oder sinnlos erscheint. Fragen zu finden, die man stellen kann, ohne dass sie sich einem von selbst stellen, weitet den Möglichkeitssinn und kann dazu führen, dass sich eigene Fragen ergeben. Man könnte sagen: Die Kompetenz-Seite der Frage-Haltung lässt sich entwickeln, indem man übt, des Nachfragens Würdiges zu finden oder Unklarheiten aufzuspüren.

Am besten ist es, wenn man das eine tut und das andere nicht lässt – also dem eigenen Interesse nachspürt und sich anregen lässt, zum Beispiel durch Fragen anderer Menschen, die man »probehalber« stellen kann, um sich selbst als fragend, als Initiatorin eines Nachdenkgesprächs zu erleben. Hinzu kommt der pädagogisch bedeutsame Aspekt: Man kann erleben, wie die Kinder an einem solchen Dialog partizipieren. Meine Erfahrung ist, dass dieser Effekt das eigene Nachfragen in Schwung bringt.

Zur zweiten Frage:

Ja, wenn die Fragen als Testfragen gestellt werden, um die kognitiven oder sprachlichen Fähigkeiten der Kinder zu prüfen – womöglich noch mit Defizitbrille – oder um Wissensbestände abzufragen. Das fördert die Nachdenklust der Kinder nicht, sondern lässt sie vermutlich schwinden. Die Möglichkeit dieser Zweckentfremdung besteht bei den Frage-Anregungen im folgenden Kapitel ebenso wie bei allen anderen Anregungsformaten.

Was einen Fragen-Katalog aber besonders empfindlich macht: Das Frageformat selbst ist in pädagogischen Zusammenhängen umstritten. Fragende Pädagogen stehen unter Generalverdacht. Und manipulative Fragen lassen sich nur schwer von Nachdenkfragen unterscheiden.

Schlüsselsituationen im Kita-Alltag

In welchen Situationen des Kita-Alltags lassen sich kurze Gespräche führen, die das Denken anregen?

In Fortbildungen frage ich die Kolleginnen, welche Situationen sie für geeignet halten. Immer wieder wird am Ende deutlich, dass der gesamte Kita-Tag solche Situationen enthält – bis auf die Zeit des Mittagsschlafs. Dabei gibt es eine gewisse Reihenfolge, in der die Situationen von den Kolleginnen benannt werden, etwa so: beim Essen, im Früh- und Spätdienst (hier sind weniger Kinder zu betreuen), beim Rollenspiel, in der freien Natur, auf dem Spielplatz, beim Zähneputzen, beim An- und Ausziehen, beim Vorlesen, im Portfoliogespräch (in Berlin: beim Umgang mit dem Sprachlerntagebuch), beim Wickeln, im Morgenkreis.

Wir haben Einstiegsfragen zu unterschiedlichen Schlüsselsituationen gesammelt, die Erzieherinnen dabei helfen können, eigene Nachdenkfragen zu entwickeln und zu stellen. Beispiele liefern die folgenden Kapitel.

Zähneputzen

Beim Zähneputzen kann man nicht sprechen. Aber davor und danach. Zwischendurch kann man nachdenken. Worüber?

Die folgenden Fragen stellten Eltern vier- bis fünfjähriger Kinder. Wie beim Händewaschen stehen in den Familien vor allem Fragen der Hygiene im Mittelpunkt – also Erklärungen dafür, welchen Sinn es hat, die Zähne regelmäßig zu putzen, Beschreibungen, wie das am besten geschieht, und moralisierende Geschichten über Zahnteufel und -feen. Doch es gibt auch andere Gesprächshorizonte, die sich eröffnen, wenn man will...

Beschreiben: Was denkst du...?

- Haben alle Menschen eigentlich gleich viele Zähne?
- Haben alle Zähne eigentlich die gleiche Farbe?
- Woraus sind Zähne eigentlich gemacht?
- Putzen sich eigentlich alle Menschen die Zähne?
- Haben neugeborene Babys eigentlich auch Zähne?
- Wie entstehen eigentlich Zähne?
- Woraus ist Zahnpasta eigentlich gemacht?
- Leben Zähne eigentlich?
- Wie schmeckt eigentlich Zahnpasta?
- Wer hat sich eigentlich das Zähne-Putzen ausgedacht?
- Was machen eigentlich die Tiere, wenn sie Zahnschmerzen haben?

Forschen nach Ursachen, Gründen, Zwecken und Motiven: Was denkst du...?

- Wieso haben wir eigentlich überhaupt Zähne?
- Warum putzen sich Tiere eigentlich nicht die Zähne?
- Warum wollen wir eigentlich am liebsten weiße und nicht gelbe Zähne haben?

Spekulieren: Was denkst du...?

- Was wäre, wenn es verboten wäre, sich die Zähne zu putzen?
- Was wäre, wenn es keine Zahnbürsten gäbe?
- Was wäre, wenn es nur ganz süße Zahnpasta gäbe?
- Was wäre, wenn wir überhaupt keine Zähne hätten?
- Was wäre, wenn wir so spitze Zähne hätten wie ein Hai?

Ein Gespräch: Frank (39) und Wido (5)

Frank: Was wäre, wenn die Haifische auch ihre Zähne putzen müssten?
Wido (lacht): Dann verfaulen ihre Zähne nicht.
Frank: Ach so, die verfaulen wohl jetzt...
Wido: Ja. Die fallen ab, die Zähne. Und dann sind sie weg. Und dann kommen sie wieder nach.
Kennst du den Zigarrenhai? Bei den Robben und bei den Delphinen, da beißt der so ein Stück ab. (Zeigt mit der Hand einen Kreis von cirka 30 Zentimetern Durchmesser.) Das sind so runde Kreise. Das muss er machen, sonst stirbt er.
Frank: Wenn der sonst stirbt, dann braucht er ganz sicher gute Zähne zum Abbeißen. Was ist aber, wenn er schlechte Zähen hat?
Wido: Dann... Es gibt auch Haie, die Autoreifen und Blechbüchsen durchbeißen können. Wenn... Die fallen raus, wenn die schlecht sind, und dann wachsen sie wieder nach. Das ist bei Fischen immer so. Die putzen sich die Zähne nicht.

Kommentar

Frank eröffnet ein Was wäre, wenn-Szenario. Damit setzt er voraus, dass Haie sich in Wirklichkeit nicht die Zähne putzen.

Wido findet die Idee lustig, führt sie weiter und greift dabei auf sein Alltagswissen über die Sinnhaftigkeit des Zähne-Putzens zurück: Ungeputzte Zähne verfaulen, auch bei Haien.

Da vorausgesetzt wird, dass die Haifische sich nicht die Zähne putzen, stellt sich die Frage, was denn mit ihren Zähnen passiert. Wido versucht, sich mit einer etwas umständlichen Interpretation aus der Affäre zu ziehen. Er revidiert aber sein Alltagswissen über die Notwendigkeit des Zähneputzens für die Zahngesundheit offenbar nicht, sondern informiert Frank über sein Hai-Weltwissen und signalisiert indirekt, dass er das Fress-Verhalten der Haie moralisch angreifbar findet.

Frank versucht, auf den Widerspruch zurückzukommen, der sich aus der angenommenen Notwendigkeit des Zähneputzens und der nach der Prämisse fehlenden Praxis des Zähneputzens bei Haien ergibt. Wido bleibt bei seiner Nachwachs-Theorie und revidiert auch jetzt die Übertragung seines Alltagswissens nicht.

Was macht Frank?

Spekulieren: Frank eröffnet ein Was wäre, wenn-Szenario.

Mittel zur Weiterführung des Gesprächs

Kritische Nachfrage: Frank fragt doppelt nach der Gültigkeit einer Prämisse dessen, was Wido sagt.

Händewaschen

Beim Händewaschen vor und nach dem Essen oder nach dem Toilettengang stehen in Gesprächen meist Fragen der Hygiene und Gesundheit im Mittelpunkt. Das ist sicher gut so. Doch die Situation bietet auch hier eine Fülle anderer Gesprächsmöglichkeiten.

Der Anlass ist ideal: Das Kind hat direkten Kontakt mit Wasser – jeden Tag viele Male. Was für eine Chance für gemeinsames Nachdenken!

Beschreiben: Was denkst du...?

- Sieht die linke Hand eigentlich so aus wie die rechte?
- Wie fühlt es sich eigentlich an, wenn die Seife zwischen die Finger rutscht?
- Wonach riecht Seife eigentlich?
- Woraus ist Seife eigentlich gemacht?
- Woher kommt eigentlich der Schaum?
- Woraus besteht Schaum eigentlich?
- Was ist Wasser eigentlich?
- Wie kommt das Wasser eigentlich in das Handtuch?
- Wie waschen sich eigentlich Tiere die Hände?

Forschen nach Ursachen, Gründen, Zwecken und Motiven: Was denkst du...?

- Warum kann man Wasser eigentlich nicht festhalten?
- Warum fließt das Wasser eigentlich immer nach unten?
- Warum wird die Seife eigentlich immer kleiner?
- Warum müssen wir uns eigentlich immer die Hände waschen?

Spekulieren: Was denkst du...?

- Was wäre, wenn das Wasser nach oben fließen würde?
- Was wäre, wenn das Wasser rot wäre?
- Was wäre, wenn wir gar kein Wasser zum Waschen hätten?
- Was wäre, wenn aus dem Wasserhahn Honig kommen würde?
- Was wäre, wenn wir keine Finger, sondern Bürsten an den Händen hätten?

Ein Gespräch: Frauke (41) und Wido (4)

Frauke: Stell dir mal vor, hier würde jetzt Honig aus dem Wasserhahn kommen...
Wido: Nee, dann will ich umziehen, in ein anderes Haus.
Frauke: Wieso willst du das denn?
Wido: Das ist mir zu eklig. Dann klebt ja alles.
Frauke: Findest du klebrige Sachen eklig?
Wido: Ja.

Kommentar

Frauke eröffnet ein kontrafaktisches Szenario. Wido reagiert darauf, indem er sich sofort die Konsequenzen vergegenwärtigt, die dieses Szenario für sein eigenes Handeln hätte. Als Frauke nach dem Grund fragt, zielt sie darauf ab, ein Zwischenglied zwischen kontrafaktischem Szenario und Handlungsentschluss zu finden. Wido beschreibt eine Emotion (Ekel) und deren konkreten Anlass – »Dann klebt ja alles« – als Handlungsmotiv. Frauke möchte

die im Vorsatz nur indirekte Verbindung zwischen Emotion und Auslöser explizieren lassen und fragt zusammenfassend nach.

Was macht Frauke?

Spekulieren: Frauke eröffnet ein Was wäre, wenn-Szenario.
Forschen: Frauke fragt nach den Motiven für Widos Absicht.

Mittel zur Weiterführung des Gesprächs

Nachfrage: Frauke fragt, ob sie den Zusammenhang zwischen Ekel (Emotion) und Objekteigenschaft (klebrig) korrekt interpretiert hat.

An- und Ausziehen

An- und Ausziehen kommen im Tagesablauf häufig vor: mindestens zweimal pro Kind.

Viele Kinder brauchen Unterstützung dabei, und es ergeben sich Eins-zu-eins-Momente, die einen kurzen Dialog zwischen Kind und Erzieherin ermöglichen.

Wir fragten Erzieherinnen, ob diese Situationen tatsächlich zum gemeinsamen Nachdenken genutzt werden können. Einige Kolleginnen meinten, das ginge nicht, denn schließlich wollten viele Kinder gleichzeitig etwas, man könne also nur sehr kurz ins Gespräch kommen, und es lohne sich nicht, eine kognitiv anregende Frage zu stellen. Andere meinten: Es sei zwar nur eine kurze, aber sichere Eins-zu-eins-Situation, in der man schon ein paar Sätze austauschen, eine anregende Frage stellen, also einen Impuls geben könne. Ein langer Gedankenaustausch sei sicherlich nicht möglich, aber auch nicht nötig. Später könne man auf interessante Ideen zurückkommen.

Beschreiben: Was denkst du...?

- Sehen deine beiden Füße eigentlich genau gleich aus?
- Woraus ist deine Jacke eigentlich gemacht?
- Wie wird eigentlich der Stoff gemacht, aus dem dein Schal ist?
- Wie funktioniert so ein Reißverschluss eigentlich genau?
- Wie geht der Klettverschluss eigentlich zu?

Forschen nach Ursachen, Gründen, Zwecken und Motiven: Was denkst du...?

- Wieso, denkst du, kommt durch den Gummistiefel eigentlich kein Wasser?
- Wieso müssen wir uns eigentlich so oft an- und ausziehen?
- Wieso müssen sich Tiere eigentlich nicht anziehen?
- Warum gibt es eigentlich für jeden Fuß einen anderen Schuh?

Spekulieren: Was denkst du...?

- Was wäre, wenn wir selbst bestimmen könnten, wie das Wetter wird?
- Was wäre, wenn dein Reißverschluss gar kein Ende hätte?
- Was wäre, wenn die Hunde auch so viele Sachen anziehen müssten wie du?
- Was wäre, wenn alle Anziehsachen durchsichtig wären?
- Was wäre, wenn die Schnürsenkel Regenwürmer wären?
- Was wäre, wenn jeder das anzieht, was er grade findet?

Ein Gespräch: Frank (39) und Heinrich (4)

Frank: Deine Jacke hat einen langen Reißverschluss. Der hört ja gar nicht auf...
Heinrich: Die ist von Frieder. Frieder ist mein Cousin.
Frank: Der war ja schon mal hier und hat dich abgeholt. Das graue Muster gefällt mir... Was wäre eigentlich, wenn der Reißverschluss überhaupt nicht aufhören würde?
Heinrich (lachend): Dann würde er bis ganz runter gehen.
Frank: Und wenn er noch länger wäre?
Heinrich: Na, dann würde er bis zur Lava in die Erde reichen.
Frank: Und wenn er nach oben ginge?
Heinrich: Dann würde er bis ins Weltall reichen. Bis dahin, wo die Saurier noch da waren und Lava auch.

Kommentar

Franks Nachfragen beim Anziehen regen Heinrich an, seine Idee von räumlicher Unendlichkeit auszudrücken: Im ersten Schritt verfolgt er den Reißverschluss vertikal bis auf die erste natürliche Grenze, den Erdboden, und lacht. Sein Lachen deutet darauf hin, dass er die So tun, als ob-Situation der Kommunikation akzeptiert und genießt.

Es ist ihm offenbar klar, dass sich Frank für seine Imagination interessiert. Auf Nachfrage verlängert er die vorgestellte Vertikale bis ins vorgestellte Erdinnere, für das er die Konzeption »Lava« hat.

Frank gibt den Impuls, sich auch die umgekehrte Reißverschluss-Verlängerungsrichtung vorzustellen. Heinrich geht darauf ein und stößt durch das Weltall in die zeitliche Unendlichkeit vor, die zudem die gedachte vertikale Verlängerung in die Tiefe wiederholt: »Bis dahin, wo die Saurier noch da waren und Lava auch.«
Das Gespräch dauerte cirka 20 Sekunden.

Was macht Frank?

Verbalisieren der eigenen Handlung: Als Kommentar zu einer Handlung Heinrichs verbalisiert Frank in der gemeinsamen Situation ihren Eindruck.
Spekulieren: Frank stellt eine Was wäre, wenn-Frage und stellt ihr ein positives Geschmacksurteil voran.
Spekulieren: Frank präzisiert zweimal das Was wäre, wenn-Szenario.

Tisch-, Brett- und Kartenspiele

Deutschland ist für die Qualität seiner Spiele berühmt. Vor allem in Horten gibt es unendlich viele Tisch-, Brett- und Kartenspiele. Werden sie wirklich alle gebraucht? Wenn sie unvollständig sind, bestimmt nicht.

Bei Gesprächen über Spiele stehen Verlieren und Gewinnen immer wieder im Vordergrund. Häufig wird erklärt: Wer spielen will, muss verlieren können. Aber man kann auch über den Sinn von Spielregeln nachdenken oder Regeln rekapitulieren.

Beschreiben: Was denkst du…?

- Sind die Spielregeln eigentlich für alle gleich?
- Was passiert eigentlich, wenn man sich nicht an die Spielregeln hält?
- Gibt es eigentlich immer einen Gewinner?
- Wer denkt sich eigentlich Spiele aus?
- Woraus sind Spiele eigentlich gemacht?
- Kann man eigentlich auch ohne Spiele spielen?
- Kann man eigentlich gegen sich selbst spielen?

Forschen nach Ursachen, Gründen, Zwecken und Motiven: Was denkst du…?

- Warum gibt es eigentlich Spiele?
- Warum soll man sich eigentlich an die Spielregeln halten?
- Warum ärgert man sich eigentlich im Spiel?
- Warum spielen eigentlich die Tiere keine Kartenspiele?
- Warum spielt man eigentlich?
- Warum will man eigentlich nicht verlieren?
- Wozu brauchen wir eigentlich Spiele?
- Warum macht es eigentlich so viel Spaß zu gewinnen?

Spekulieren: Was denkst du...?

- Was wäre, wenn der Verlierer der Gewinner ist?
- Was wäre, wenn man immer nur spielen müsste?
- Was wäre, wenn jeder die Regeln im Spiel so ändern dürfte, wie es ihm passt?

Ein Gespräch: Frauke (41) und Wido (5)

Frauke: Was wäre denn, wenn beim Memory jeder nach anderen Spielregeln spielen würde?
Wido: Ja, wenn ich 130 mal hintereinander dran bin und Simon gar nicht.
Frauke: Was wäre dann?
Wido: Dann gibt es Gestreite. Dann drehe ich alle Karten um, und dann spiele ich ganz allein.
Frauke: Und Simon, wenn der sich seine eigenen Regeln ausdenken würde?
Wido: Nee, das gibt es nicht. Dann gibt es Gestreite, da will jeder gewinnen. Nee, nee...
Frauke: Man kann ja auch mal spielen, dass man nicht zwei gleiche, sondern zwei unterschiedliche Karten finden muss. Die sind dann ein Paar.
Wido (lacht): Dann kann ja ein Baby alle aufdecken, einfach so (macht das Umdrehen vor), und nimmt sie alle...

Kommentar

Frauke eröffnet ein Was wäre, wenn-Szenario, in dem es um die Beliebigkeit von Spielregeln geht, und Wido ergänzt das Szenario durch ein Beispiel, in dem er die Spielregeln zu seinen Gunsten bricht.

Frauke wiederholt ihre Frage nach dem Was wäre, wenn... Sofort erklärt Wido, dass ein Konflikt ausbrechen würde, der dazu führe, dass er schließlich allein spielen würde.

Frauke dreht Widos Beispiel um, und Wido wehrt vehement ab: »Das gibt es nicht!« Dieses Szenario möchte er sich nicht einmal vorstellen.

Frauke bietet eine andere Möglichkeit an, die Memory-Spielregeln zu verwandeln: Ungleiche Karten könnten ein Paar sein. Wido amüsiert sich über diese Variante und sieht offenbar vor seinem geistigen Auge, wie leicht es dann sein würde, zu gewinnen: Selbst Babys könnten so spielen.

Was macht Frauke?

Spekulieren: Frauke eröffnet ein Was wäre, wenn-Szenario.
Spekulieren: Frauke wiederholt die Was wäre, wenn-Frage, bezogen auf Widos Beispiel.
Spekulieren: Frauke nutzt in ihrer Was wäre, wenn-Frage das Gegenbeispiel.

Mittel zur Weiterführung des Gesprächs

Eine eigene Idee beschreiben: Frauke beschreibt ein eigenes Ausgangsszenario.

Spiele im Freien

Beschreiben: Was denkst du...?

- Wo kommt eigentlich das Wasser her?
- Wie fühlt sich eigentlich Wasser an?
- Welche Farbe hat Wasser eigentlich?
- Welche Farbe hat Luft eigentlich?
- Woraus sind eigentlich Stöcke?
- Wie sehen Stöcke eigentlich innen aus?
- Was ist eigentlich im Eimer, wenn kein Wasser drin ist?

Forschen nach Ursachen, Gründen, Zwecken und Motiven: Was denkst du...?

- Warum fließt das Wasser eigentlich nach unten und nicht nach oben, wenn du den Eimer auskippst?
- Warum schwimmt der Holzstock eigentlich?
- Warum kommt Wasser eigentlich durch kleine Ritzen durch?
- Warum wird der Eimer eigentlich so schwer, wenn Wasser drin ist?
- Warum geht der Stein eigentlich unter?

Spekulieren: Was denkst du...?

- Was wäre, wenn das Wasser nach oben aus dem Eimer kippen würde?

- Was wäre, wenn der Stock im Wasser stecken bleiben würde?
- Was wäre, wenn der Stock laufen könnte?
- Was wäre, wenn der Stein schwimmen könnte?
- Was wäre, wenn wir unter Wasser leben würden, zum Beispiel in der Pfütze hier?

Ein Gespräch: Frank (39) und Wido (5)

Wido: Ich bin mit dem Bobbycar durch die Pfütze gefahren, und jetzt ist alles nass.
Frank: Oh! Warum kommt das Wasser bloß überall durch?
Wido: Wenn was nicht dicht ist, dann kann da überall Wasser rein. Also, das Wasser kommt aus den Wolken, die sind nicht dicht. Immer wenn die Wolken streuen müssen, dann streuen sie.
Frank: Und was ist mit der Luft?
Wido: Die Luft kommt auch überall durch. Von der Luft weiß ich genau, wie das geht: Die kommt durch alle Ritzen durch. Luft kommt überall hin. Immer brauchen wir Luft, sonst stirbt man.

Kommentar

Wido spielt in einer Pfütze und ist komplett nass. Bevor und während er Wido hilft, sich umzuziehen, stellt Frank eine Forscher-Frage: Was ist der Grund dafür, dass Wasser überall hinkommt?

Wido reformuliert den Zusammenhang, den Franks Forscherfrage begründen will, folgendermaßen: Wenn etwas nicht dicht ist, kann Wasser rein. Er beschreibt ein Gesetz. Genauer: Wido beschreibt aus der Perspektive, die dieses Gesetz bietet, den Weg, den das Wasser genommen hat, bevor es in die Pfütze kam, in der er gespielt hat: Wolken sind undicht.

Sodann formuliert er gleich ein neues Gesetz: Immer wenn die Wolken streuen müssen, dann streuen sie. Vermutlich will er ausdrücken, dass die Wolken nicht selbst entscheiden, wann es regnet.

Frank fragt nach dem anderen wesentlichen Stoff, der uns im Alltag ständig begegnet, und will offenbar einen Vergleich zwischen Wasser und Luft initiieren. Wido nimmt das Angebot an, bestätigt Ähnlichkeiten und betont durch Wiederholung, dass die

Luft durch noch mehr Ritzen kommt als das Wasser. Schließlich versucht Wido, ein neues Gesetz zu formulieren: Wenn wir keine Luft haben, sterben wir. Es mag sein, dass er aus dieser Zwecksetzung die Disposition von Luft erklären möchte, in schier alle Bereiche vorzudringen...

Was macht Frank?

Forschen: Frank stellt eine Warum-Frage.

Mittel zur Weiterführung des Gesprächs

Eine Analogie herstellen: Frank stellt eine Frage, die einen Vergleichsgegenstand einführt.

Spiele mit Fahrzeugen

Zahlreiche Fahrzeuge zur schnellen Vorwärtsbewegung wie Motorräder, Autos, Lastkraftwagen, Züge und Lokomotiven, Schiffe, Flugzeuge und Raketen finden sich in Kindergärten und Kinderzimmern. All das sind Dinge, die sich bewegen, wenn wir sie bewegen. Aber wie funktionieren sie? Woraus bestehen sie? Warum brauchen wir sie überhaupt? Und was können sie? Was brauchen sie, damit sie sich in Bewegung setzen? Welche Ideen und Thesen haben die Kinder?

Die Kinder hantieren mit den Fahrzeugen, lenken sie, spielen Rollenspiele mit ihnen und geben dabei Geräusche von sich. Wie beim Spiel mit Bausteinen kann man sich dazusetzen und mit den Kindern reden. Man kann nach Fahrziel und Fahrplan fragen oder das Fahrzeug selbst – samt Funktionen, Wirkzusammenhängen, Bestandteilen und Zweck – ins Visier nehmen. Die folgenden Fragen stellten Erzieherinnen.

Beschreiben: Was denkst du...?

- Wie kann man eigentlich ein Auto bauen?
- Woraus besteht ein Auto eigentlich?
- Warum kann der Traktor eigentlich nicht ohne Benzin fahren?
- Woraus besteht eigentlich Benzin?
- Wer bestimmt eigentlich, wo die Vorder- und die Hinterseite des Autos ist?

Forschen nach Ursachen, Gründen, Zwecken und Motiven: Was denkst du...?

- Warum hat der Traktor eigentlich hinten so große und vorn so kleine Räder?
- Warum sind eigentlich so große Rillen in den Reifen?
- Warum sind die Reifen der Autos eigentlich aus Gummi und nicht aus Holz?
- Wozu brauchen die Menschen eigentlich Autoschlüssel?
- Warum braucht das Auto eigentlich Benzin zum Fahren?

Spekulieren: Was denkst du...?

- Was wäre, wenn die kleinen Räder des Traktors hinten wären und die großen Räder vorn?
- Was wäre, wenn es keine Autos auf der Welt gäbe?
- Was wäre, wenn dein Flugzeug jetzt wirklich abfliegen würde?
- Was wäre, wenn dein Auto selbst bestimmen könnte, wohin es fährt?
- Was wäre, wenn wir Menschen auch einen Motor hätten?
- Was wäre, wenn wir Menschen auch Flügel hätten?

Ein Gespräch: Frauke (41) und Wido (5)

Frauke: Wieso hat der Traktor eigentlich hinten so große Räder?
Wido: Weil er sonst nicht durch den Matsch kann.
Frauke: Warum denn nicht?
Wido: Wenn die kleinen Räder hinten wären, dann würde er rückwärts fahren. Und in den großen Rädern ist viel mehr Kraft. Die braucht er ja für den Matsch.

Kommentar

Wido beantwortet Fraukes Warum-Frage als Frage nach dem Zweck der unterschiedlich großen Räder: Der Traktor braucht die Räder, um durch den Matsch zu kommen.

Wieso kommt man nur mit unterschiedlich großen Rädern gut durch den Matsch? Diese Frage ist kausal, und Wido stellt klar: Große Räder haben mehr Kraft, und im Matsch braucht der Traktor mehr Kraft als außerhalb.

Wido gibt keine Erklärung dafür, warum die Räder unterschiedlich groß sind und warum die Anordnung der Räder am Traktor für die gelingende Matschdurchquerung wichtig ist. Er stellt eine kausale Relation zwischen der Größe der Räder und der Kraft her, die sie haben, und erläutert den Zweck.

Die Frage nach dem Grund oder Zweck für die spezielle Anordnung unterschiedlich großer Räder veranlasst Wido nicht dazu, den Traktor im Geist auf veränderte Weise zusammenzusetzen, sondern seine Fahrtrichtung zu verändern: Wenn die kleinen Räder hinten sind, dann fährt der Traktor rückwärts. Bezogen auf die reale Fahrtrichtung, ist dann die »eigentliche« Vorderseite des Traktors, deren Zuordnung durch seine »prinzipielle« Fahrtrichtung motiviert ist, plötzlich die Hinterseite. Widos Reaktion verdeutlicht: Was vorn und was hinten ist, ist eben relativ.

Was macht Frauke?

Forschen: Frauke stellt eingangs eine Warum-Frage, die von Wido als Zweckfrage behandelt wird.
Forschen: Frauke stellt eine weiterführende Warum-Frage (Warum nicht?), die von Wido als Frage nach dem Grund verstanden wird.

Kleintiere beobachten

Echte Tiere, also keine Fotos oder Plüschtiere, motivieren Fragen der Kinder. Man könnte auch sagen, sie sind für Kinder besonders interessant.

Wenn Kinder ein kleines Tier gefunden haben – eine Schnecke, einen Frosch, einen Feuerkäfer, einen Molch –, können Erwachsene diese »Gehirn-Aufnahme«-Situation der Kinder unterstützen, indem sie weiterführende Fragen stellen, die den Kindern vielleicht selbst nicht in den Sinn kommen.

Beschreiben: Was denkst du...?

- Woraus bestehen Frösche eigentlich?
- Trinken Frösche eigentlich? Wie denn?
- Werden Frösche eigentlich auch von ihren Eltern aufgezogen?
- Können Frösche eigentlich auch krank werden?
- Haben Frösche eigentlich Zähne?
- Haben Frösche eigentlich ein Herz?
- Legen Frösche sich eigentlich auch zum Schlafen hin?

Forschen nach Ursachen, Gründen, Zwecken und Motiven: Was denkst du...?

- Warum sind die Frösche eigentlich so klein?
- Warum essen wir Frösche eigentlich nicht?
- Warum gibt es Frösche eigentlich?
- Warum gehen die Kinder der Frösche eigentlich nicht zur Schule?

Spekulieren: Was denkst du...?

- Was wäre, wenn Frösche plötzlich riesig groß wären?
- Was wäre, wenn Frösche sich so große Häuser bauen würden wie wir?
- Was wäre, wenn du immer mit einem Frosch an einer Leine spazieren gehen würdest?
- Was wäre, wenn du mit Froschkindern zusammen im Kindergarten wärst?

Ein Gespräch: Antonia (15) und Simon (4)

Antonia: Was wäre denn, wenn der Frosch plötzlich riesengroß wäre?
Simon: Dann würde der uns ins Gesicht springen, in die Haare. Dann würde der uns fressen, töten.
Antonia: Ach, du lieber Himmel! Ist ein Frosch überhaupt ein Fleischfresser?

Simon: Nein, Schweine sind das. Vielleicht würde er auch in die Haare springen und hinten wieder runterspringen. Er quakt dann ganz laut, so: (Quakt laut.) Oder der Wal kommt, der im Teich wohnt, und frisst ihn auf. Und das schmeckt ihm lecker.

Antonia: Na ja, ich würde mir dann Sorgen um unsere Hühner machen.

Simon: Die Hühner, die picken dem einfach in den Po, und dann jault er.

Kommentar

Antonia eröffnet ein Was wäre, wenn-Szenario. Simon geht darauf ein und formuliert ziemlich grauenvolle Konsequenzen, die unmittelbar einsetzen würden.

Erschrocken hinterfragt Antonia eine Prämisse aus Simons Behauptung: »Fressen Frösche überhaupt Fleisch?« Simon verneint das mit dem Hinweis darauf, dass Schweine Fleischfresser sind, nimmt aber Antonias Angebot auf, sich andere Konsequenzen aus dem Was wäre, wenn-Szenario vorzustellen: Möglicherweise wird der Frosch, wenn er größer ist, als Nahrungsquelle für den Wal interessant, der – dem Szenario entsprechend – im benachbarten Teich leben könnte.

Antonia nimmt die Fleischfress-Idee auf und bezieht sie auf die Hühner, die den Hof bevölkern. Den Hühnern unterstellt Simon daraufhin eine Wehrhaftigkeit, die er vielleicht selbst erfahren hat.

Was macht Antonia?

Spekulieren: Antonia stellt eine Was wäre, wenn-Frage.

Mittel zur Weiterführung des Gesprächs

Hinterfragen der Prämisse: Antonia hinterfragt die Wahrheit der Prämisse, die Simon setzt.

Weiterführung des Szenarios: Antonia fügt, indem sie sich auf Simons Prämisse einlässt, eine weitere Denkmöglichkeit hinzu.

Bauen

Konstruktionsräume und Bauecken in Kitas sind immer besetzt – meist von kleinen Kindergruppen, die ihre Ideen in abgegrenzten Bereichen verwirklichen oder Rollenspiele in den Bauwerken inszenieren. Ins Gespräch kommt man mit ihnen, wenn man sich dazusetzt und in das Thema einsteigt, das die Kinder gerade bearbeiten – egal, ob es um Häuser, Fabriken, Städte oder Brücken, um Autos oder Roboter, um das Kämpfen, Kräfte-Messen, Aushandeln oder um das Familienleben geht. Statt der Bauwerke oder Aktionen kann man auch das Baumaterial in Augenschein nehmen.

Beschreiben: Was denkst du...?

- Wie riechen die Steine eigentlich?
- Was sind eigentlich die Unterschiede zwischen unseren Bausteinen und den Bausteinen der Bauarbeiter, wenn sie ein Haus bauen?
- Können die Sachen, die du baust, sich eigentlich selbst bewegen?
- Kann man eigentlich alles bauen, was man will?
- Wer bestimmt eigentlich, was man bauen darf?

Forschen nach Ursachen, Gründen, Zwecken und Motiven: Was denkst du...?

- Warum kann man die Steine eigentlich so gut zusammenstecken?
- Warum haben Katzen eigentlich keine Bausteine zum Spielen?
- Warum haben die Bausteine eigentlich verschiedene Farben?
- Woher weißt du denn eigentlich, was du bauen willst?

Spekulieren: Was denkst du...?

- Was wäre, wenn alle Bausteine erst gekocht werden müssten, bevor man mit ihnen spielen kann?
- Was wäre, wenn alle Bausteine die gleiche Größe hätten?

- Was wäre, wenn die Bausteine sich selbst verbauen würden?
- Was wäre, wenn die Bausteine so weich wie Pudding wären?
- Was wäre, wenn jeder nur einen Baustein hätte?

Ein Gespräch: Cäcilie (14) und Wido (5)

Cäcilie: Wie riechen deine Bausteine eigentlich?
Wido (riecht am Baustein): Kalt.
Cäcilie: Oh! Und wenn wir sie kochen würden?
Wido: Dann kann man sie essen. Nein, dann schmelzen sie. Ich ess keine. Paul Hübner hat einen Baustein verschluckt. Der Baustein ist jetzt im Bauch.
Cäcilie: Der ist im Bauch?
Wido: Der ist hängengeblieben am Magen. Der Bauch musste aufgeschnitten werden. Ich erzähl überhaupt keinen Quatsch. Der war so groß (zeigt etwa 10 Zentimeter). Ein Holzbaustein aus unserem Kindergarten.
Cäcilie: Musste Paul da ins Krankenhaus?
Wido: Nee. Mama und Papa kriegten den schon wieder raus. Zum Glück ist er da nicht festgeklebt. Bausteine sind aus Klebstoff. Der ist mit Klebstoff gemacht worden. Dann ist er aufgegangen. Dann ist er im Hals hängengeblieben. Dann ist er auf einmal wieder rausgekommen an dem letzten Ende. Die waren beim Arzt. Jetzt kam er wieder raus. Paul kann wieder in den Kindergarten kommen, aber er will nicht, weil so etwas Schlimmes passiert ist. Vielleicht ist er krank oder abgemeldet. Der ist hunderttausend weg. Weißt du, was »darum« heißt?
Cäcilie: Was denn?
Wido: »Darum« heißt, was man nicht weiß. Dann sagt der Körper dem anderen Mensch »darum«. Wenn ich einen im Kindergarten frage: »Warum?«, dann sagt der: »Darum.« Und das versteh ich. »Darum« heißt darum.

Kommentar

Cäcilie steigt mit einer Analysefrage ein; es geht um den Sinneseindruck der Nase. Wido riecht am Stein, seine Nase berührt den Stein, und er meint, er rieche die Kälte.

Cäcilie leitet zum spekulativen Szenario über: Wären Steine essbar, wenn man sie kochen würde? In seiner Antwort beschreibt Wido keine Sinneseigenschaft der Steine, sondern betont die Idee, dass die Steine durch das Kochen ihren Aggregatzustand verändern werden.

Sogleich erinnert er sich an die Geschichte mit dem im Kindergarten verschluckten Stein und referiert sie mit allen Widersprüchen und Übertreibungen – beispielsweise die gezeigte Steingröße und das Bauch-Aufschneiden –, nicht ohne darauf zu verweisen: »Ich erzähl keinen Quatsch.«

In einem längeren Monolog als Teil der Geschichte von Paul Hübner drückt Wido sein Konzept von der Zusammensetzung des Bausteins aus – Klebstoff – und benennt einige organische Teile des Verdauungstrakts: Hals, Magen. Eine abenteuerliche Idee entsteht: ein Baustein aus Klebstoff, der sich öffnet und im Hals oder im Magen Paul Hübners kleben blieb. Wido schildert auch Pauls emotionale Situation angesichts dieses Vorfalls, der offenbar ein glückliches Ende fand: Paul Hübner könnte in den Kindergarten kommen, aber er will es nicht. Das Erlebte war zu schlimm.

Nach dem Versuch der Quantifizierung des langen Fernbleibens von Paul Hübner – hunderttausend – wechselt Wido das Thema abrupt und fragt nach einer Wortbedeutung, der Bedeutung von »darum«. Die Erklärung gibt er selbst: »Darum« sagt man, wenn man »Warum?« gefragt wird und die Antwort nicht weiß.

Was macht Cäcilie?

Beschreiben: Cäcilie stellt eine Analysefrage. Sie fragt nach einem Sinneseindruck.
Spekulieren: Cäcilie eröffnet ein Spekulationsszenario und spiegelt das zuletzt Gehörte in Frageform.

Mittel zur Gesprächsweiterführung

Präzisierendes Nachfragen: Cäcilie stellt eine Ereignisfrage, die die Handlung der Geschichte vorantreiben soll.
Aufmerksamkeit-Signal: Cäcilie gibt die rhetorische Wortbedeutungsfrage von Wido an den Jungen zurück.

Malen

Tagtäglich sitzen, knien oder liegen die Kinder und malen: sich selbst, andere Menschen, Gegenstände oder Ereignisse in der Welt. Sie sagen uns, was sie gemalt haben, und wir fragen, für wen das Bild gedacht ist. Aber wir können auch nach den Farben fragen, nach der Zusammensetzung von Farbstoffen, mit denen man malen kann, nach dem Sinn des Malens oder danach, ob auch Tiere malen...

Gesprächsgelegenheiten ergeben sich ständig. Am besten, wir malen dabei auch oder tun etwas anderes mit unseren Händen.

Beschreiben: Was denkst du...?

- Sind eigentlich alle Bilder schon gemalt worden?
- Was kann man eigentlich alles malen?
- Gibt es eigentlich etwas, das man nicht malen kann?
- Wie werden eigentlich Stifte gemacht?
- Wie viele Farben gibt es eigentlich?
- Woraus besteht Farbe eigentlich?
- Klebt Farbe eigentlich an den Sachen?
- Sind die Dinge eigentlich angemalt?
- Woher weißt du eigentlich, ob ich die gelbe Farbe genauso sehe wie du?
- Können eigentlich alle Menschen Farbe herstellen?
- Woran erkennt man eigentlich, welche Farbe hell und welche dunkel ist?

Forschen nach Ursachen, Gründen, Zwecken und Motiven: Was denkst du...?

- Warum malen wir eigentlich überhaupt?
- Wieso malen Tiere eigentlich nicht?
- Warum gibt es eigentlich verschiedene Farben?
- Wieso wollen eigentlich nicht alle Menschen malen?
- Warum sehen wir eigentlich nicht alles einfach in Schwarz-Weiß?

Spekulieren: Was denkst du...?

- Was wäre, wenn es keine Farben gäbe?
- Was wäre, wenn alle Tiere malen würden?
- Was wäre, wenn es im Kindergarten keine Stifte gäbe?
- Was wäre, wenn Malen verboten wäre?
- Wie wäre es, wenn wir mit den Füßen malen würden?

Ein Gespräch: Thomas (41) und Heinrich (5)

Thomas: Wieso malen Tiere eigentlich nicht?
Heinrich: Na, Tiere können ja nicht, die haben nur so... Die können ja nur Beine haben und haben nicht so etwas wie Hände.
Thomas: Aber unser Kaninchen, das hält die Möhrenstückchen. Da können wir ihm ja mal einen Stift geben. Mal sehen, ob es dann was malt.
Heinrich denkt nach und schweigt.

Kommentar

Thomas stellt eine Forschungsfrage. Heinrich entwickelt eine Hypothese, in der er seine Beobachtungen verarbeitet: Tiere haben keine Hände, folglich können sie nichts halten. Thomas nutzt diese Begründung zur Irritation, indem er eine gemeinsame Alltagsbeobachtung, die Heinrich bekannt und also unbestreitbar ist, als Gegenposition anführt: Kaninchen können etwas halten. Am Nicht-Halten-Können, so die implizite These, kann es also nicht liegen, dass Tiere nicht malen. Die Irritation gelingt. Heinrich denkt nach.

Was macht Thomas?

Forschen: Thomas stellt eine Forscher-Frage.

Mittel zur Gesprächsweiterführung

Kontraposition: Thomas gibt eine im gemeinsamen Alltag fundierte Kontraposition, irritiert also die Meinung von Heinrich durch eine eigene gegensätzliche Beobachtung.

Aufräumen

Immer wieder aufräumen! Viele Erzieherinnen – in Kita, Hort und Grundschule – berichten, dass Kinder nicht aufräumen. Andernorts scheint es zu klappen.

Aufräumen ist anstrengend und ungeliebt, selbst wenn die Kinder die Aufräumregel akzeptiert haben. Aber es ist auch ein wunderbarer Anlass für Nachdenkgespräche – allerdings nicht unbedingt über moralische Grundfragen und den Sinn von Ordnung.

Beschreiben: Was denkst du…?

- Aus welchem Material bestehen die Steine eigentlich?
- Woher kommt eigentlich das ganze Spielzeug?
- Spielen eigentlich Tiere oder Erwachsene auch?
- Räumen Tiere eigentlich auf?

Forschen nach Ursachen, Gründen, Zwecken und Motiven: Was denkst du…?

- Wieso müssen wir eigentlich aufräumen?
- Wozu brauchen wir eigentlich das ganze Spielzeug?
- Womit kann man eigentlich spielen?
- Warum sortieren wir das Spielzeug eigentlich immer?

Spekulieren: Was denkst du…?

- Was wäre, wenn wir auf einmal kein Spielzeug mehr hätten?
- Was wäre, wenn das Spielzeug von allein in die Kiste hüpfen würde?
- Was wäre, wenn es dann aber lieber stehenbleiben sollte?
- Was wäre, wenn wir nicht mehr spielen würden?

Ein Gespräch: Thomas (41) und Franz (4)

Thomas: Was wäre eigentlich, wenn wir auf einmal gar kein Spielzeug mehr hätten?
Franz: Wenn ich spielen möchte, dann kann ich ja gar nicht spielen. Dann müsste ich den anderen was klauen.
Thomas: Und wenn die anderen Kinder auch kein Spielzeug hätten?
Franz: Dann bin ich stinkesauer.
Thomas: Ich würde mir Spielzeug basteln.
Franz: Kannst du mir das dann schenken?
Thomas: Kannst du doch selber machen.
Franz: Mit Steinen zum Beispiel… Nee. Dann würde ich Laub harken. Weil das mehr Spaß macht als Spielen. Dann kann ich meine Kräfte holen. Ich muss ja auch in den Armen Kraft haben.
Thomas: Wozu denn?
Franz: Na, wenn ich dann beim Hausbau mitmachen muss. Da braucht man noch mehr Kraft als beim Harken. Oder beim Boxen.
Thomas: Gibt es auch Sachen, bei denen man gar keine Kraft braucht?
Franz: Ja. Wenn man gar nichts machen muss und einfach so liegt. Dann.

Kommentar

Thomas stellt eine leicht moralinsaure Frage: Was wäre eigentlich ohne Spielzeug los?

Eine Welt ohne Spielzeug ist für Franz auf den ersten Blick nicht vorstellbar. Ohne Spielzeug, meint er, könne er nichts spielen. Seine Reaktion: Wenn ich nichts habe und doch etwas brauche, dann nehme ich es anderen Menschen weg.

Aber wenn die auch nichts haben? Nun beschreibt Franz keine mögliche Handlung, sondern fokussiert seine Emotion: »Stinksauer« sei er dann.

Thomas verweist auf sich und auf das, was er in dieser ausgedachten Situation unternehmen würde, um Handlungsmöglichkeiten als Denkmöglichkeiten zu eröffnen: selbst etwas bauen. Doch Franz greift die Idee vom Selbst-Bauen nicht auf. Er bleibt bei seiner Grundüberlegung: Zum Spielen gibt es ganz bestimmte Dinge, die im Hinblick auf ihre Funktion hergestellt wurden. Spaß macht nicht die Spielzeugherstellung, sondern das Spielen mit Spielzeug. Darum geht es, auch in dieser fiktiven Situation. Folgerichtig fasst er die Gelegenheit beim Schopfe: Thomas könne ihm ja das gebaute Spielding zum Spielen überlassen. Selbst der Hinweis von Thomas, dass Franz selbst Spielzeug herstellen könne, verfängt letztlich nicht, obwohl Franz kurz die Möglichkeit rekapituliert, irgendwie bearbeitete Steine als

Spielzeug zu verwenden, sie aber gleich verwirft. Wenn nicht mit Spielzeug spielen, dann eben gar nicht spielen, sondern arbeiten, etwas Sinnvolles tun, die Kräfte stählen...

Das ist die Alternative zum Spielen in einer spielzeuglosen Welt: trainieren für das echte Leben. Und Kraft braucht man anscheinend immer. Nur nicht, wenn man einfach so daliegt.

Was macht Thomas?

Spekulieren: Thomas eröffnet ein Was wäre, wenn-Szenario in einer Aufräumsituation und präzisiert es.
Forschen: Thomas stellt eine Zweckfrage (Wozu?), nachdem Franz eine Handlungsalternative beschrieben hatte.
Beschreiben: Thomas erfragt Franz' Konzeption von der Beziehung zwischen Tätigkeit oder Arbeit und Kraftaufwand. Dazu nutzt er eine geschlossene Frage. Er spürt, dass Franz die Frage nicht als »Osterhasenfrage« verstehen wird, passt sich also der interaktionalen Kompetenz von Franz an.

Mittel zur Weiterführung des Gesprächs

Eigene Hypothese: Thomas entwirft eine eigene Handlung.
Eigener Lösungsvorschlag: Thomas verweist auf Franz' Handlungsmöglichkeiten.

Obst schneiden

In den meisten Kitas, die ich kenne, gibt es ein Obstfrühstück. Aber wer bereitet es vor, wer schneidet die Äpfel, Birnen, Bananen oder Pflaumen? Wunderbar, wenn das die Kinder, sogar schon die Zweijährigen, selbst tun dürfen – natürlich im Beisein der Erwachsenen. In dieser konzentrierten Atmosphäre können sich Nebenbei-Gedanken entwickeln, die das Objekt der Konzentration betreffen. Gut ist es, wenn die Erwachsenen Einstiegsfragen stellen. Besser ist es, wenn die Fragen der Kinder zum Ausgangspunkt werden.

Beschreiben: Was denkst du...?

- Woraus bestehen Pflaumen denn eigentlich?
- Sind Pflaumen eigentlich extra zum Essen da?
- Atmen Pflaumen eigentlich?
- Kann man die Kerne eigentlich auch essen?
- Sind Pflaumen eigentlich tot?

Forschen nach Ursachen, Gründen, Zwecken und Motiven: Was denkst du...?

- Warum sind Pflaumen eigentlich so dunkelblau?
- Warum müssen Pflaumen eigentlich erst reif werden?
- Warum sind die Kerne eigentlich so hart?

Spekulieren: Was denkst du...?

- Was wäre, wenn die Pflaumen plötzlich anfangen würden, zu reden?
- Was wäre, wenn die Pflaumen plötzlich andere Früchte essen würden?
- Was wäre, wenn die Pflaumen in deinem Bauch toben würden?
- Was wäre, wenn die Pflaumen gar nicht gegessen werden wollen?
- Was wäre, wenn das Messer zu stumpf zum Schneiden wäre?
- Was wäre, wenn die Pflaumen nach Benzin schmecken würden?

Ein Gespräch: Anita (44) und Wido (5)

Anita: Stell dir mal vor, die Pflaumen würden was merken, wenn man sie zerschneidet...
Wido: Oh! Dann würden die »Aua« schreien.
Anita: Können sie ja nicht. Sie haben keinen Mund.
Wido: Keinen Mund? Dass die auch keine Augen und Ohren haben? Dann sprechen sie eben gar nicht. Vielleicht tut ihnen das dann einfach weh, und sie denken »Aua«.
Anita: Und wie kriegen wir mit, ob wir ihnen wehtun?
Wido: Das sehen wir erst, wenn wir sie aufmachen: Ob sie einen Magen haben...

Kommentar

Anita stellt eine auf den ersten Blick kontrafaktische Hypothese auf. Das heißt, sie entwirft eine Idee, nach der Pflaumen imstande sind, zu fühlen. Wido versetzt sich derart in die Pflaumen, dass er den vorgestellten Schmerz samt menschlicher Ausdrucksmöglichkeit auf die Pflaumen überträgt. Dabei lässt er die menschlichen Ausgangsbedingungen bezüglich des Schmerzausdrucks außer Acht.

Nicht alles, könnte man einwenden, was seinen Schmerz nicht ausdrücken kann, hat keinen Schmerz. Anita weist auf dieses Problem hin. Wido rekapituliert die Ausgangsposition der Pflaumen hinsichtlich ihrer Sinneswahrnehmungsmöglichkeiten (keine Augen, keine Ohren, keinen Mund) und schlägt vor, den Pflaumen wenigstens Schmerzempfindung (Aua-Denken) oder Schmerz-Eigenwahrnehmung zu unterstellen.

Anita stellt die zentrale erkenntnistheoretische Frage danach, wie wir merken könnten, dass eine Pflaume beim Zerschneiden Schmerz empfindet. Interessanterweise konstatiert Wido Folgendes: Wir können es gar nicht merken. Erst nachdem wir die Pflaume zerschnitten haben, können wir indirekt schließen, ob sie Schmerzen gehabt hat. Als Kriterium gibt er das Vorhandensein des Magens an, der für ihn vermutlich die Rolle des Herzens spielt.

Klar wird in diesem kurzen Gespräch, dass man innerhalb eines Was wäre, wenn-Szenarios wunderbar logisch folgern kann.

Was macht Anita?

Spekulieren: Anita eröffnet ein Was wäre, wenn-Szenario.

Mittel zur Weiterführung des Gesprächs

Kontraposition: Anita weist Wido daraufhin, dass seine Schlussfolgerung auf einer falschen Annahme basiert.

Weiterführende erkenntnistheoretische Frage: Anita formuliert einen Widerspruch als eine Frage, die ihr weiterführend erscheint, nachdem Wido das Phänomen neu beschrieben hat.

Kochen und Backen

Viele Kitas haben eigene Küchen. Häufig dürfen die Kinder sie nicht nutzen, obwohl diese Räume Forschungslabore sind, in denen man messen, wiegen, schätzen und präzise mit den Händen agieren kann. Bei solchem Hantieren kann sich – wie im Falle des Obst-Schneidens – eine Nebenbei-Denksituation ergeben. Diese Chance können Erwachsene aufgreifen und Fragen stellen, um Denkprozesse anzuregen.

Beschreiben: Was denkst du...?

- Woher kommen eigentlich die Nudeln?
- Woraus sind sie eigentlich gemacht?

Forschen nach Ursachen, Gründen, Zwecken und Motiven: Was denkst du...?

- Warum blubbert es eigentlich, wenn es kocht?
- Warum werden die Nudeln eigentlich weich, wenn man sie kocht?
- Woher wissen wir eigentlich, dass die Nudeln nichts merken, wenn man sie kocht?
- Warum kann man eigentlich nicht kalt kochen?
- Warum haben die Nudeln eigentlich so ulkige Formen?

Spekulieren: Was denkst du...?

- Was wäre, wenn die Nudeln nach ein paar Minuten wieder ungekocht sein würden?
- Was wäre, wenn die Eier im Kuchen wieder flüssig werden würden?
- Was wäre, wenn die Kartoffeln explodieren würden, wenn man sie in den Topf tut?
- Was wäre, wenn die Kartoffeln selbst Hunger hätten?

Ein Gespräch: Frank (39) und Wido (5)

Wido: Das riecht gut.
Frank: Woraus ist der Teig eigentlich?
Wido: Na, da haben wir Sirup reingemacht und Mehl und Zucker. Für Pfefferkuchenhäuser.
Frank: Du arbeitest wie auf einer Baustelle. Sieht aus, als ob du einen Zementmischer brauchst.
Wido: Ja, ich bin der Bagger, ich grabe. Wir müssen umgraben. Das ist schön warm.
Frank: Wieso warm?
Wido: Weil der Sirup in einen Topf getan und warm gemacht wurde.
Frank: Warum ist der Teig so braun?
Wido: Wegen dem Sirup, nicht weil Mehl drin ist. Ist zu süß. Ich muss was trinken.
Frank: Warum ist der Teig denn eigentlich so süß?
Wido: Na, auch wegen dem Sirup. Im Sirup ist Zukker. Der ist aus Pflanzen, aus denen, die auf dem Glas drauf sind. Vielleicht aus Petersilie.
Frank: Die Blätter sehen so aus. Aber der Sirup ist aus den Rüben. Ich glaube aus solchen, die wir...
Wido: Ach so. Ich hab so eine, die liegt da drüben. Die werden dann zerquetscht, und dann wird Zucker und Sirup reingemacht.

Kommentar

Frank nutzt eine Forschersituation, die Wido von sich aus eröffnet. Eingangs fragt Frank nach der Zusammensetzung des Teigs. Wido rekapituliert die aus seiner Sicht zentralen Zutaten und erklärt den Zweck der Aktion: »für Pfefferkuchenhäuser«.

Frank kommentiert Widos Handlung, indem er eine Analogie zwischen Teig-Rühren und Baustellen-Tätigkeiten ins Gespräch bringt. Wido nimmt die Analogie auf und bestimmt im neuen Bild seine Funktion: Wenn die Schüsselsituation eine Baustellensituation ist, dann ist seine Hand in diesem Bild der Bagger.

Frank nimmt eine Randbemerkung Widos auf – der Teig ist warm – und stellt eine Forscherfrage: Warum? Daraufhin erzählt Wido einen Teil der Entstehungsgeschichte des Teigs.

Frank geht von der Eigenschaft des Teigs, warm zu sein, zu seiner eigentümlichen Farbe über: Wieso ist er braun? Diesmal erzählt Wido keine Vorgeschichte, sondern nennt den Bestandteil des Teigs, der seiner Meinung nach die Farbe verursacht. Im gleichen Atemzug erwähnt er eine weitere Eigenschaft des Teigs: seinen Geschmack. Dies eröffnet Frank die Möglichkeit, wiederum eine Forscher-Frage zu stellen. In seiner Antwort verweist Wido auf die Zutat, die schon die Farbe verursachte: der Sirup. Ergänzend schildert es dessen Herkunft.

Frank widerspricht Widos Hypothese, Sirup sei aus Petersilie gemacht. Er signalisiert, dass es gleichwohl einen Grund gibt, zu glauben, Sirup sei aus Petersilie, nämlich das Aussehen der Blätter, und erzählt Wido, dass Sirup aus Rüben sei. Da unterbricht Wido ihn, um ihn seinerseits darüber zu informieren, dass eine solche Rübe im Hause sei. Dabei formuliert er die These, dass Zucker und Sirup der zerquetschten Rübe beigemengt werden würden, damit der Sirup süß werde.

Was macht Frank?

Beschreiben: Frank stellt eine Beschreibungsfrage.
Forschen: Frank stellt mehrere Warum-Fragen.

Mittel zur Weiterführung des Gesprächs

Analogie herstellen: Frank stellt eine Analogie zwischen der aktuellen Situation und einer anderen Situation (Baustelle) her, von der er weiß, dass sie Wido interessiert.
Eigenes Wissen einbringen: Frank erklärt, dass der Sirup aus Rüben gemacht wird.

Essen

In der Kita wird gegessen: Frühstück, Mittag und Vesper. Die Regel, dass man bei Tisch nicht reden soll, gehört hoffentlich der Vergangenheit an. Sitzt man einander beim Essen gegenüber, ergibt sich nämlich eine einzigartige Dialogsituation, die sonst im Tagesablauf nicht häufig vorkommt, auch in den Familien nicht. In der Kita gibt es sie dreimal täglich; man sollte sie nutzen.

Beim Essen kann man über fast alles reden, auch über das Essen selbst und über Fragen, die nicht unmittelbar mit der Mahlzeit zu tun haben.

Beschreiben: Was denkst du…?

- Sind Kartoffeln eigentlich weicher als Nudeln?
- Wie schmecken Kartoffeln eigentlich genau?
- Sind Kartoffeln eigentlich eher rund oder eher eckig?
- Was ist eigentlich in einer Kartoffel drin?
- Welche Farbe hat eigentlich das Fleisch genau?
- Wo ist das, was du gerade isst, eigentlich gewachsen?
- Wer bestimmt eigentlich, was dir schmeckt und was nicht?
- Woraus ist eigentlich Brot gemacht?
- Wie geht das mit dem Schlucken eigentlich genau?
- Werden eigentlich alle Sachen weich, wenn man sie kocht?

Forschen nach Ursachen, Gründen, Zwecken und Motiven: Was denkst du…?

- Wieso müssen wir eigentlich so viele Sachen kochen, aber die Tiere tun das nicht?
- Warum muss man eigentlich Brot nicht kochen?
- Warum müssen wir eigentlich überhaupt essen?
- Warum setzen wir uns eigentlich zum Essen hin?
- Wozu brauchen wir eigentlich die Zunge?
- Wieso essen wir eigentlich ganz andere Dinge als die Hühner?

Spekulieren: Was denkst du…?

- Was wäre, wenn Kartoffeln so dünn wie Nudeln wären und Nudeln so dick wie Kartoffeln?
- Was wäre, wenn wir nur Löffel zum Essen hätten?
- Was wäre, wenn alle Gerichte genau gleich schmecken und nur unterschiedlich aussehen würden?
- Was wäre, wenn alle Sachen zum Essen genau gleich aussehen, aber ganz unterschiedlich schmecken würden?
- Was wäre, wenn wir keine Zähne hätten?
- Was wäre, wenn wir einen Schnabel und keinen Mund hätten?

Ein Gespräch: Anita (30) und Simon (4)

Anita: Woraus ist eigentlich das Brot hier gemacht?
Simon: Na, aus Teig. Aus Hefeteig.
Anita: Und der Teig?
Simon: Na, aus Wasser, Mehl und Zucker. Zucker wird aus Rübenzucker, aus Zuckerrüben gemacht.
Anita: Und das Mehl, woraus ist das?
Simon: Aus Korn. Da fahren immer die Mähdrescher. Mähdrescher sehen anders aus als Maishäcksler. Das Korn wächst von allein. Aber erst werden die so hingestreut, die Krümel.
Anita: Welche Krümel?
Simon: Guck doch mal... Butter, das kann ich dir sagen, die ist aus Milch von den Kühen. Und dann wird sie in den Backofen gelegt. Da bleibt sie dann ganz lange drin, so acht Minuten. Dann ist sie schon fertig und sieht so aus wie unsere Butter hier (lässt den Blick über den Tisch schweifen)... Und beim Käse... Da muss ich erst nachdenken... Auch aus Kuhmilch.

Kommentar

Angeregt durch Anitas Fragen, rekapituliert Simon die Herkunft und Entstehung einiger Lebensmittel, die vor ihm auf dem Tisch liegen. Schritt für Schritt verfolgen Simon und Anita die Entstehung des Phänomens »Brot«, fast bis zum Ursprung. Dabei kommt Simon zum Stichwort »Korn« und assoziiert – sein Thema ist gerade die Funktionalität großer Maschinen – Mähdrescher und Maishäcksler. Er führt die Rückfragekaskade »Und woraus ist das gemacht...« wahrscheinlich im Stillen selbst weiter und stellt dann fest, dass Korn »von allein wächst«. Die Aussage in ihrer Radikalität aufhebend, ergänzt er von sich aus, dass zunächst »Krümel« hingestreut werden müssen.

Die folgende Nachfrage von Anita bleibt unbeantwortet. Simon wechselt zur Butter, die vor ihm liegt, und entwirft eine merkwürdige Entstehungsgeschichte. Dann erinnert er sich an die Formel »Woraus ist das eigentlich?« und mustert seine Nahrungsmittelumgebung. Anita verhilft ihm mit ihrer Woraus-Frage zu einem anderen Blick auf die Situation: Butter ist nicht mehr nur Butter, sondern mit

ihr liegt nun auch ihre vermutete Entstehungsgeschichte auf dem Tisch.

Was macht Anita?

Beschreiben: Im Gespräch bezieht Anita ihre Woraus-Frage zweimal auf im Herstellungsprozess des Brotes verwendete Bestandteile. Sie verstärkt dadurch die Fragerichtung.

Mittel zur Weiterführung des Gesprächs

Begriffsbestimmung: Anita versucht, das letztgenannte Ausgangsmaterial »Krümel« von Simon genauer beschreiben zu lassen. Das misslingt.

Vor dem Schlafen

Vor dem Schlafen ist die Zeit des Vorlesens und Erzählens, eine entspannte Zeit. Die Gespräche, die jetzt geführt werden, geraten oft zu Dialogen der Kinder miteinander. Sie kommentieren, was sie aufnehmen, und denken es vielleicht noch ein paar Momente lang weiter.

Die Befürchtung, dass Kinder durch ein anregendes Gespräch noch einmal aufgescheucht werden könnten, hindert Erzieherinnen oft daran, den Dialog zu beginnen. Dabei ist die Situation für kurze Impulse sehr günstig.

Beschreiben: Was denkst du...?

- Woraus ist eigentlich deine Matratze gemacht?
- Was passiert eigentlich mit dir, wenn du schläfst?
- Können eigentlich alle Tiere die Augen zumachen?
- Können Blumen eigentlich schlafen?
- Schlafen eigentlich alle Menschen in Betten?
- Wie merkt man eigentlich, dass etwas weich oder hart ist?
- Woran merkt man eigentlich, dass man müde ist?
- Kannst du eigentlich selbst bestimmen, wann du aufwachst?

Forschen nach Ursachen, Gründen, Zwecken und Motiven: Was denkst du...?

- Wieso lässt sich eigentlich die Matratze ein bisschen eindrücken, aber ein Stein nicht?
- Wieso müssen wir uns eigentlich immer hinlegen, wenn wir schlafen wollen? Können wir nicht im Sitzen schlafen?
- Warum schlafen Pferde eigentlich im Stehen?
- Warum haben viele Kinder eigentlich keine Lust, Mittagschlaf zu machen?

Spekulieren: Was denkst du...?

- Was wäre, wenn wir nie schlafen würden?
- Was wäre, wenn man die Augen nicht zumachen könnte?
- Was wäre, wenn Tiere und Menschen zusammen Mittagschlaf machen müssten?
- Was wäre, wenn es keine Bettdecken geben würde?
- Was wäre, wenn deine Bettdecke aus Stein wäre?

Ein Gespräch: Petra (42) und Maria (4)

Petra: Was wäre eigentlich, Maria, wenn deine Bettdecke aus Stein wäre?
Maria: Oh, dann würden wir gar nicht aufstehen können.
Petra: Warum denn nicht?
Maria: Na, weil wir dann zerquetscht werden. Und wenn das Kissen steinhart ist, dann hauen wir uns den Kopf auf. Von der Decke werden wir zermatscht. Aber es gibt bestimmt Kinder, die haben so was.
Petra: Du meinst, dass sie keine weichen Decken haben?
Maria: Ja, dass sie auf Steinen schlafen müssen.

Kommentar

Petra unterstützt Maria durch diesen Dialog, ihr Konzept von Gewicht und Härte auszudrücken. Maria rekapituliert zunächst handlungspraktische Konsequenzen: Eine Decke aus Stein würde uns am Aufstehen hindern.

Im zweiten Schritt – durch die Nachfrage von Petra ausgelöst – benennt Maria Ursachen dafür, dass wir nicht aufstehen können, wenn wir unter einer Steindecke liegen: Wir werden zerquetscht oder zermatscht.

Selbstständig überträgt Maria das Stein-Modell auf ihr Kopfkissen. Hier ist eher Härte als Gewicht zentral: An Steinen kann man sich verletzen, wenn man nicht gleich von ihnen zerquetscht wird. Diesen Punkt betont Maria im letzten Satz.

Petras Impuls, die Vorstellung vom Fehlen einer weichen Decke zu entwickeln, veranlasst Maria, wahrzunehmen, dass sie eine eigene weiche Decke hat, und gleichzeitig die Perspektive zu wechseln: Andere Kinder haben das womöglich nicht. Die Spekulation ermöglicht Maria eine Außenperspektive.

Was macht Petra?

Spekulieren: Petra stellt eine auf die Situation von Maria bezogene Was wäre, wenn-Frage.
Forschen: Petra stellt eine präzisierende Warum-Frage.

Mittel zur Weiterführung des Gesprächs

Widerspiegeln: Petra spiegelt in Frageform wider, was sie verstanden hat: »Du meinst, dass...?«

Anhang

Die Autorinnen

Frauke Hildebrandt ist Philosophin. In den letzten Jahren wurde frühkindliche Bildung zu ihrem Arbeitsschwerpunkt. Sie forscht zu kognitiv anregender Interaktion und arbeitet mit Kitas und Grundschulen zum Thema »Sprachbildung« und »Übergang Kita-Grundschule«. Mit ihren vier Kindern, Mann, Hühnern, Hund und Schafen lebt sie auf einem Bauernhof in der Märkischen Schweiz.

Annette Dreier ist Professorin für die Pädagogik der frühen Kindheit an der Fachhochschule Potsdam. Sie lehrt und forscht zu Fragen frühkindlicher Entwicklung wie die Bedeutung des Raums für die Bildung oder die Rezeption der Reggio-Pädagogik. Als Mitautorin verschiedener Bildungsprogramme gilt ihr Interesse auch der Praxisreform in Kitas und Grundschulen, die sie seit vielen Jahren zum Beispiel zu Fragen des Übergangs berät. Mit ihrem Sohn lebt sie in Berlin und ist mit den Institutionen kindlicher Bildung auch als Mutter bestens vertraut.

Die Autorinnen danken den Kindern Esther, Gabriel, Kaspar, Max, Simon und Wido Walter, deren Eltern und der Erzieherin Marie Sander, die sich einen Nachmittag lang Zeit zum Fragen, Spekulieren und Fotografieren nahmen.

Und sie danken der Lektorin Erika Berthold für Ermutigung, Unterstützung, Geduld und Ideen. Ohne sie würde es das Buch nicht geben.

Literaturtipps

Andres, B./Laewen, H.-J.: Das infans-Konzept der Frühpädagogik. verlag das netz, Weimar/Berlin 2011

Ansari, S.: Schule des Staunens. Lernen und Forschen mit Kindern. Springer, Heidelberg 2009

Astington, J. W.: Wie Kinder das Denken entdecken. Reinhardt, München 2000

Bennett, M. R./Hacker, P.: Die philosophischen Grundlagen der Neurowissenschaften. WBG; Darmstadt 2010

Bundesarbeitsgemeinschaft der Landesjugendämter: Anforderungen an die Betreuungssettings in Krippen und Tagespflegestellen für Kinder von null bis drei Jahren. Hamburg 2009

Cam, Ph.: Zusammen nachdenken. Verlag an der Ruhr, Mülheim 1996

Chouinard, M.: Children's Questions: A Mechanism for Cognitive Development. New Jersey 2007

Comune di Reggio Emilia (Hrsg.): Alles hat einen Schatten außer der Ameise. Beltz, Weinheim 2004

Delfos, M. F.: Sag mir mal. Gesprächsführung mit Kindern (4-12 Jahre). Beltz, Weinheim 2008

Dreier, A.: Was tut der Wind, wenn er nicht weht? Begegnung mit der Kleinkind-Pädagogik in Reggio Emilia. Cornelsen, Berlin/Düsseldorf 2012

Frazier, B. N./Gelman, S. A./Wellman H. M.: Preschoolers‘ Search for Explanatory Information Within Adult-Child Conversation. In: Child Development. November/Dezember 2009, Volume 80, Nummer 6, S. 1592-1611

Freese, H.-L.: Kinder sind Philosophen. Beltz, Weinheim 1992

Frege, G.: Der Gedanke. In: Frege, G., 1966

Fried, L./Briedigkeit, E.: Sprachförderkompetenz. Cornelsen, Berlin 2008

Gopnik, A.: Forschergeist in Windeln. Piper, München 2007

Gopnik, A.: Kleine Philosophen. Ullstein, Berlin 2010

Haglund, Lisa: Gedankenspiele. Omnibus, München 2004

Harris, P.: The Work of Imagination. Oxford 2000

Hasselhorn, M.: Lernen im Altersbereich zwischen 4 und 8 Jahren. In: Guldimann, T./Hauser, B. (Hrsg.): Bildung 4- bis 8-jähriger Kinder. Waxmann, Münster 2005 S. 77-88

Hédervári-Heller, E.: Emotionen und Bindung bei Kleinkindern. Beltz, Weinheim 2011

Hildebrandt, F.: Nachdenkgespräche oder Was wäre eigentlich, wenn die Schnürsenkel unterschiedlich lang wären? In: Betrifft KINDER, Heft 8-9/2011, S. 22-23

Illouz, E.: Die Errettung der modernen Seele. Suhrkamp, Frankfurt am Main 2009

Jandl, E.: Ottos Mops kotzt. 1963

Kants Werke, Bd.2. Hrsg.: Königlich Preußische Akademie der Wissenschaften. Berlin 1905, S. 305-307

Kant, I.: Was ist Aufklärung? 1964

Kant, I.: Metaphysik der Sitten: In: Werke, Bd. VIII, Weischedel, Frankfurt am Main 1977, S. 618

Klann-Delius, G.: Spracherwerb. Metzler, Stuttgart 2008

König, A.: Interaktion als didaktisches Prinzip. Bildungsverlag EINS, Troisdorf 2010

Law, St.: Philosophie. Abenteuer Denken. Arena, Würzburg 2004

Lewis, D.: Counterfactuals. Cambridge, Mass. 1986

Lipman, M.: Thinking in education. University Press, Cambridge 1991

Martens, E.: Philosophieren mit Kindern. Eine Einführung in die Philosophie. Reclam, Stuttgart 1997

Matthews, G. B.: Philosophische Gespräche mit Kindern. Freese, Berlin 1984

Scheidt, A.: Warum? Kinder erklären sich die Welt. Bananenblau, Berlin 2011

Schnädelbach, H.: Was Philosophen wissen und was man von ihnen lernen kann. Beck, München 2012

Siraj-Blatchford: TACTYC Annual Conference 2005. » Birth to Eight Matters! Seeking Seamlessness – Continuity? Integration? Creativity?« November 2005, Cardiff

Sodian, B.: Entwicklung des Denkens im Alter von vier bis acht Jahren – was entwickelt sich? In: Guldimann, T./Hauser, B. (Hrsg.): Bildung 4- bis 8-jähriger Kinder. Waxmann, Münster 2005, S. 9-27

Stern, E.: Naturwissenschaftlicher Unterricht und frühkindliche Förderung. In: MBJS Brandenburg (Hrsg.): Kitadebatte. Potsdam, 1/2010 Debatte, S. 62

Sylva, K. u. a.: The Effektive Provision of Pre-School Education Project (EPPE) – Zu den Auswirkungen vorschulischer Einrichtungen in England.

Szagun, G.: Sprachentwicklung beim Kind. Beltz, Weinheim 2006

Tomasello, M.: Die kulturelle Entwicklung des menschlichen Denkens. Suhrkamp, Frankfurt a.M. 2006

Tomasello, M.: Die Ursprünge der menschlichen Kommunikation. Suhrkamp, Frankfurt am Main 2009

Zimmer, D. E.: So kommt der Mensch zur Sprache. Haffmans, Zürich 1988